Primaria

Lengua 3

Segundo trimestre

Carmen Bello Crespo
Tomás Bernal Regalado
Carlos Lluva Mera
José Luis Magarzo Jiménez
Pilar Zaragoza García
Teresa Burruezo Ordóñez
Ana Paula Moreno Agud

ANAYA

Conoce tu libro

Así se organizan los contenidos

En cada unidad irás descubriendo los contenidos sobre los que investigar.

La realización de las actividades te permitirá mejorar tus estrategias de aprendizaje, tu autonomía y conocimientos.

Algunas de ellas, además, fomentan:

- La comprensión y la expresión
- Desarrollo del pensamiento
- El aprendizaje cooperativo
- La competencia emocional
- La cultura emprendedora
- La competencia digital
- La evaluación del aprendizaje

Cuando veas (icono), encontrarás en la web información complementaria.

Así se aplican los contenidos

METODOLOGÍA — Aprendizaje competencial

Cada unidad comienza con un estímulo, una situación que plantea una curiosidad, una duda... → **La situación da lugar a una pregunta, a un RETO.** →

Accede a la web

www.anayaeducacion.es

1 Entra en la web de Anaya Educación y haz clic sobre:

2 Haz clic sobre **Nuevo usuario** y rellena el formulario.

Para darte de alta en la web, debes tener el permiso de tu padre, madre, tutor o tutora legales.

Recibirás un correo electrónico en el *mail* con el que te has registrado. A partir de entonces, podrás acceder a toda la información de la web.

Zona de expresión y zona creativa

En algunas páginas encontrarás propuestas para que trabajes tu expresión oral y escrita y tu creatividad literaria.

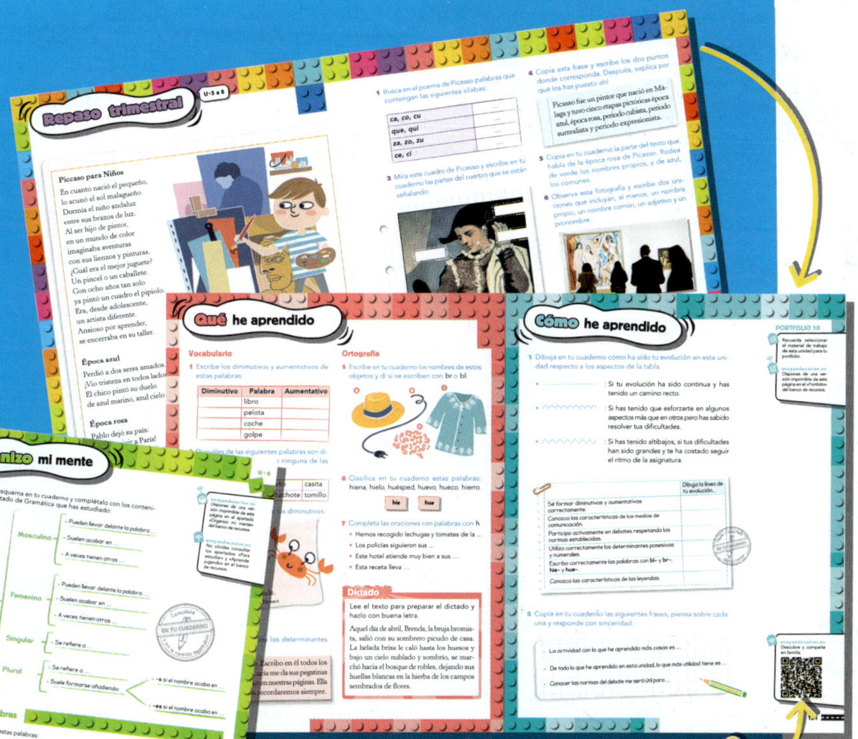

Páginas especiales

Al finalizar cada unidad encontrarás unas páginas que te ayudarán a:

- Organizar tu mente.
- Comprobar qué has aprendido.
- Reflexionar sobre cómo has aprendido.

Y un repaso trimestral.

Comparte los códigos QR en familia.

Para superar el reto, tendrás que INVESTIGAR y APRENDER los contenidos.

Podrás demostrar que has superado el reto aplicando lo que has aprendido en la realización de un PRODUCTO FINAL.

Sigue los pasos que verás indicados en la unidad.

Consulta el banco de recursos

1 Añade tu libro: accede a **Mis recursos** y haz clic sobre el botón **+ Añadir licencia** y, en la ventana que aparece, escribe el código que hay detrás de la cubierta de tu libro.

2 Se mostrará la imagen de la web del libro.

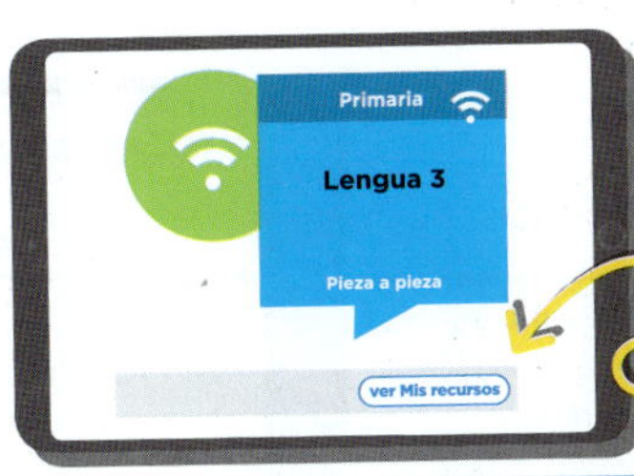

Haz clic sobre: **ver Mis recursos**

Y elige tu comunidad:

3 Haz clic sobre el botón **Banco de recursos** para abrir el menú desplegable en el que aparecen tus recursos.

Los contenidos

y aprendo

Conoce la lengua: Gramática	Conoce la lengua: Ortografía	Conoce la literatura	Producto final
• La letra, la sílaba y la palabra.	• El punto y la mayúscula.	• Los primeros textos.	• Un diccionario disparatado.
• La oración.	• Los signos de interrogación y de exclamación.	• Las partes del relato.	• Un concurso de chistes y anécdotas.
• Las clases de oraciones.	• La sílaba tónica. • El guion.	• Los personajes.	• Un cuentacuentos.
• El sujeto y el predicado.	• La coma. • La **m** antes de **p** y **b**.	• La fábula.	• Una representación con marionetas.

Apéndice

Conoce la lengua: Gramática	Conoce la lengua: Ortografía	Conoce la literatura	Producto final
• El nombre y sus clases.	• La **c** y la **q**. • La **c** y la **z**.	• Cuentos tradicionales.	• Una encuesta.
• El género y el número.	• Palabras terminadas en **-d** y **-z**.	• El teatro.	• Una representación teatral.
• El adjetivo.	• Palabras con **ll** y con **y**.	• Poemas, versos y rima.	• Un blog de poesía.
• El pronombre.	• La **r**. • Los dos puntos.	• Textos para jugar.	• Un juego de mesa.

Apéndice

Conoce la lengua: Gramática	Conoce la lengua: Ortografía	Conoce la literatura	Producto final
• Los determinantes (I): los artículos y los demostrativos.	• La **g** y la **j**. • La diéresis.	• El cómic.	• Una exposición de cómics.
• Los determinantes (II): los posesivos y los numerales.	• Palabras con **bl** y con **br**. • Palabras con **h**.	• Las leyendas.	• Una entrevista.
• El verbo.	• Verbos terminados en **-bir**. • Verbos con **h**: *hacer, haber* y *hablar.*	• Los mitos.	• Un anuncio publicitario.
• Los tiempos verbales.	• Verbos terminados en **-ger**, **-gir**. • Verbos terminados en **-aba**, **-abas**…	• El diario.	• Un programa de fiestas del colegio.

Apéndice

5 ¿Qué hay de menú hoy?

¿Has comido alguna vez algo que no te ha sentado bien? ¿Tienes alergia a algún alimento? No todas las personas podemos comer lo mismo y es importante conocer qué comemos.

Te proponemos un reto

¿Eres capaz de ayudar a preparar un menú saludable?

Para superar el reto... investigo y aprendo

- Lectura: *Para crecer con salud*
- Palabras compuestas
- La exposición
- El nombre y sus clases
- La *c* y la *q*. La *c* y la *z*
- Cuentos tradicionales

Para demostrar que lo he superado elaboro... una encuesta

- Paso 1: Preparamos las fichas para la encuesta.
- Paso 2: Analizamos los resultados de la encuesta.
- Paso 3: Preparamos las tarjetas con los resultados de la encuesta.
- Paso 4: Informamos al comedor escolar.

Lectura

Antes de leer

- ¿De qué crees que trata esta infografía?
- Escucha el texto de la Lectura.

Vocabulario

Infografía: representación gráfica acompañada de texto que ofrece una información.

Perjudique: haga daño.

Comprensión lectora

Contestamos el test

1 ¿Qué tipo de información nos da el texto?

a) Nos da consejos para cuidar nuestra salud.

b) Nos dice qué cosas no debemos hacer.

c) Nos dice qué alimentos no debemos comer.

2 Según el texto, ¿qué tenemos que comer todos los días?

a) Frutas y verduras de color verde.

b) Frutas y verduras de todo tipo.

c) Dulces y pasteles.

3 ¿Cuándo se debe adaptar la dieta?

a) Cuando hay alimentos que nos perjudican.

b) Cuando hay alimentos que no nos gusta comer.

c) Nunca, porque todos debemos comer de todo.

4 ¿Qué es mejor que pasar mucho tiempo viendo la televisión?

a) Practicar deporte.

b) Jugar a la consola o a la tableta.

c) Utilizar el transporte público.

Nos acercamos al texto

5 Ordena las siguientes palabras en tu cuaderno para formar otros consejos relacionados con buenos hábitos saludables:

- jugar la comida con No
- dulces comer y Evitar muchos pasteles
- mínimo como Dormir horas ocho diarias
- dos agua día al Beber litros de

6 Relaciona en tu cuaderno los iconos con el alérgeno que corresponda. Busca en el diccionario las palabras que no conozcas.

1	
2	
3	
4	
5	

GLUTEN
HUEVO
LÁCTEOS
PESCADO
FRUTOS SECOS

Entendemos la lectura

7 Observa este menú y contesta a las preguntas:

MENÚ

Pizza

Italiana: salmón, nata y champiñones.

Barbacoa: carne, beicon y salsa barbacoa.

Barbacoa sin gluten: carne, beicon y salsa barbacoa.

York sin gluten: jamón, salsa de tomate y orégano.

- ¿Qué *pizzas* puede comer una persona con alergia al pescado? ¿ Y con intolerancia al gluten?
- ¿Qué *pizzas* puede comer una persona con alergia a los frutos secos?

Reflexionamos

8 Consecuencias y resultados ¿Por qué es importante cuidar nuestra alimentación y tener buenos hábitos de ejercicio e higiene?

9 Folio giratorio ¿Crees que es importante que en los alimentos que compramos en el supermercado y en las cartas de los restaurantes aparezca información sobre los alérgenos? ¿Por qué?

anayaeducacion.es Completa en la web tu ficha de lectura.

Palabras compuestas

1 Fíjate en las siguientes imágenes y escribe sus nombres en tu cuaderno:

Las **palabras compuestas** están formadas por dos o más palabras simples. Ejemplos: *guardabosques, girasol, aparcacoches, sacapuntas.*

2 Copia en tu cuaderno solo las palabras que son compuestas:

edificio	quitanieves	pantalón	pararrayos
paracaídas	fotocopia	pasatiempos	jardinero
lapicero	alergia	frigorífico	saltamontes
sacapuntas	manguera	tirachinas	interruptor

3 En tu cuaderno, escribe las palabras simples que forman las siguientes palabras compuestas:

quitamanchas · bocacalle · mediodía · hojalata · rompeolas · baloncesto

4 Copia y relaciona las dos columnas para formar palabras compuestas relacionadas con la comida:

salva	pastas
hierba	vajillas
corta	manteles
lava	buena
pasa	purés

5 Inventa una palabra compuesta a partir de dos palabras simples; por ejemplo: *carril + bici: carrilbici*. Después, redacta una definición y acompáñala de un dibujo.

Paso 1 2 3 4

Preparamos las fichas para la encuesta.

- Elaborad una ficha mediante un procesador de textos como la siguiente:

Encuesta sobre alergias	
Curso	...
Nombre y apellidos	...
Alimentos que te perjudican	...

- Imprimid la ficha y dádsela los compañeros y a las compañeras para que la rellenen en casa con ayuda de un adulto.

La exposición

1 Lee este texto y contesta a las preguntas:

La **enfermedad celíaca** es una intolerancia permanente al gluten. Es la enfermedad crónica intestinal más frecuente en España. [...]

Su tratamiento consiste en el seguimiento de una dieta estricta sin gluten durante toda la vida. El celíaco debe basar su dieta en alimentos naturales: legumbres, carnes, pescados, huevos, frutas, verduras, hortalizas y cereales sin gluten: arroz y maíz. [...]

La enfermedad celíaca no debe suponer ningún obstáculo para el desarrollo de una vida normal. Aunque el ser celíaco implica una serie de limitaciones, una vez diagnosticada y tratada adecuadamente, la enfermedad deja de ser un problema.

Menuda Ciencia. N.º 6.

Algunos cereales que tienen gluten son: el trigo, la cebada, el centeno, la espelta.

Crónica: que se padece durante mucho tiempo.
Intestinal: del intestino.
Diagnosticada: identificada.

- **Presentación:** Escribe con cinco o seis palabras el tema del texto.
- **Desarrollo:** ¿Qué información se explica en cada uno de los párrafos?
- **Conclusión:** ¿Cuál es la conclusión?

Exponer es informar de forma clara y ordenada sobre un asunto.

Para hacer una exposición, sea **oral** o **escrita,** hay que seguir este esquema:

- **Presentación** del tema sobre el que se va a hablar o escribir.
- **Desarrollo** o explicación del tema.
- **Conclusión.**

Para seguir el orden en una exposición, se utilizan expresiones como *primero, a continuación, finalmente...*

2 Antes de hacer una exposición es necesario realizar un guion que organice la información. Completa un guion para realizar una exposición sobre tus hábitos de ejercicio e higiene.

	Guion
Título	Pon un título atractivo a tu exposición.
Presentación	Explica en un par de líneas de qué vas a hablar.
Desarrollo	Escribe por ejemplo sobre: • ¿Qué deportes realizas? • ¿Cuáles son tus hábitos de higiene? • ¿Cómo influyen estos hábitos en tu buena salud?
Conclusión	Escribe en una línea la conclusión de tu exposición.

Zona de expresión

Busca en Internet información sobre un alimento que te guste. Prepara una pequeña exposición escrita contando su origen, cómo se suele comer, si suele dar reacción alérgica, etcétera. Acompaña tu exposición de imágenes que te ayuden a recordar los datos.

Cuando realices la exposición oral ante tus compañeros y compañeras, ten en cuenta los siguientes **consejos:**

- Antes de realizar tu exposición, ensáyala ante el espejo o un familiar.
- Utiliza bien la voz: intenta que te escuchen adecuadamente y habla despacio.
- Refuerza la información con gestos, por ejemplo, señalando las imágenes que aportas.
- Cuando acabes, agradece a tus compañeros y compañeras que hayan permanecido atentos.

1 2 Paso 3 4

Analizamos los resultados de la encuesta.

Recoged las fichas y, en grupos, analizad los resultados de la encuesta respondiendo a estas preguntas:

- ¿Cuántos alumnos y cuántas alumnas han respondido a la encuesta?
- ¿Cuántos tienen alergia a algún alimento?
- ¿A qué alimentos tienen alergia?

Preparad un solo documento con los resultados de la encuesta de cada grupo.

El nombre y sus clases

1 Observa la fotografía y escribe en tu cuaderno los nombres que faltan en los letreros:

Los **nombres** son las palabras que utilizamos para designar a las personas, los animales, las cosas, las plantas y los lugares.

2 Clasifica estos nombres en la columna que corresponda:

bicicleta
cocinero
colegio
trigo
ambulatorio
deportista
cubiertos
España
hiedra

Personas	Lugares	Plantas	Cosas
...	...	...	...

3 Completa en tu cuaderno con tres nombres más:

- Deportes: *baloncesto, ...*
- Animales: *oveja, ...*
- Alimentos: *arroz, ...*
- Asignaturas: *Lengua, ...*

4 Relaciona en tu cuaderno cada nombre con su significado:

Escritor	Corriente de agua que va al mar o a otro río.
Río	Conjunto de calles, plazas y edificios.
Rana	Anfibio que vive en las inmediaciones de charcas.
Ciudad	Persona que ha escrito una obra.

1 2 3 Paso 4

Preparamos las tarjetas con los resultados de la encuesta.

- Una vez recogida la información de la encuesta, realizad tarjetas con los datos de los estudiantes que tienen alergias alimentarias para entregárselas a los responsables del comedor.

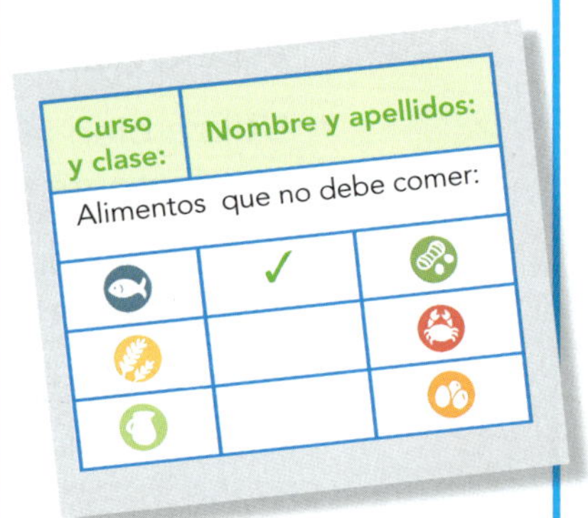

Los nombres pueden ser:

- **Comunes:** sirven para designar a todas las personas, animales, plantas, cosas y lugares. Ejemplos: *padre, cebra, arboleda, bolígrafo.*
- **Propios:** sirven para identificar a las personas, animales, cosas y lugares, y distinguirlos de los demás. Ejemplos: *Rafael, Platero, Zamora.*

5 Copia y relaciona los nombres propios con los comunes.

Guadiana	ciudad
Velázquez	isla
Lanzarote	río
Jaén	pintor

Recuerda

La **primera letra** de los nombres propios se escribe siempre con **mayúsculas.**

6 Mira los dibujos y copia en tu cuaderno las oraciones completando los huecos con nombres comunes y propios.

A

... juega en el ... al ... .

B

Los ... se lavan las ... en el ... .

C

El ... de ... se llama ... .

7 Copia en tu cuaderno y subraya de colores diferentes los nombres comunes y los propios.

> Me llamo Inana. Tengo nueve años y vivo en la ciudad de Uruk, donde suceden las historias más asombrosas del mundo.
>
> Vicente Muñoz Puelles, *La torre de Babel*. Ed. Anaya.

8 Busca en la Lectura cinco nombres comunes. Después, escribe cinco propios (de personas, ciudades, ríos...) que conozcas.

anayaeducacion.es Realiza la actividad que se propone en el apartado «Recursos por unidad».

La *c* y la *q*

1 Copia y rodea de azul las palabras con ca, co, cu y de rojo las que tengan que, qui:

– Carla tiene una capa de color blanco y caqui.

– A mi hermano pequeño le gustan mucho los cacahuetes.

– El cuenco tenía sopa caliente.

– Ayer compré quince pescados pequeños.

- ¿Hay alguna palabra que tenga *c* y *q*?

Ca, que, qui, co y **cu** tienen el mismo sonido, pero se escriben diferente:

- Los sonidos **ca, co, cu** se escriben con **c.**
- Los sonidos **que, qui** se escriben con **qu.**

2 Observa los dibujos y escribe los nombres en tu cuaderno.

…labaza

…noa

…so

…liflor

3 Escribe en tu cuaderno las palabras a las que se refieren las definiciones. Todas llevan c o qu:

1. Parte del cuerpo que une la cabeza y el tronco.
2. Sala de operaciones de un hospital.
3. Grupo de músicos que tocan distintos instrumentos.
4. Mamífero pequeño de orejas muy largas.
5. Prenda de vestir con botones por delante, cuello y mangas.

4 Escribe con letras los números siguientes:

4 5 14 40
44 500

La c y la z

5 Busca en la Lectura palabras con ce, ci y palabras con z, y escríbelas en tu cuaderno.

6 Escribe en tu cuaderno los nombres de las siguientes imágenes:

…nahoria

a…ite

…ruela

chori…

Za, ce, ci, zo y **zu** tienen el mismo sonido, pero se escriben diferente:

- Los sonidos **za, zo, zu** se escriben con **z.**
- Los sonidos **ce, ci** se escriben con **c.**

7 Escribe en tu cuaderno las horas que marcan estos relojes:

Recuerda

Algunas palabras se escriben con **-cc-** cuando otras palabras de su misma familia llevan **-ct.** Ejemplos: dire**ct**or > dire**cc**ión; constru**ct**or > constru**cc**ión.

Dictado

Antes del dictado

Lee el texto.

Quique y **Zu**lema pasaron la tarde en el **cir**-**co**. Después fueron a **co**mer un tro**zo** de tarta de cho**co**late blan**co** con nue**ce**s y a**zú**car de **co**lor a**zu**l por en**ci**ma y una ta**za** de cho**co**late **ca**liente. **Cu**ando a**ca**baron fueron a pasear por el bos**que** y en**co**ntraron una **cue**va o**cu**lta. Dentro vivía un **zo**rro que asustó a **Zu**lema y a **Quique** y salieron **co**rriendo.

Después del dictado

Valora el resultado.

ORTOGRAFÍA	PRESENTACIÓN	CALIGRAFÍA

¡Conoce la literatura!

Cuentos tradicionales

1 Lápices al centro Formad grupos para narrar oralmente el cuento al que se refieren estas imágenes:

Los **cuentos tradicionales** son narraciones muy antiguas que se han transmitido durante siglos de forma **oral.**

Estos relatos suelen contar hechos extraordinarios. Son frecuentes los lugares y objetos mágicos y personajes como las hadas, las brujas, los ogros u otros seres fantásticos.

2 ¿Conoces el cuento tradicional de la actividad 1? ¿Sabes el título de otros cuentos tradicionales?

Zona creativa

Tablero de historias Piensa en un cuento tradicional que conozcas en el que aparezca algún personaje fantástico y escríbelo en tu cuaderno.

Para hacerlo, debes presentar a los personajes, el lugar donde transcurren los hechos y contar lo que ocurre en el orden correcto. No te olvides del desenlace de la historia.

1 2 3 4 Paso

Informamos al comedor escolar.

Reuníos con los responsables del comedor, mostradles los resultados de vuestra encuesta mediante un programa de presentaciones y entregadles las fichas con la información sobre alergias para que las tengan en cuenta a la hora de elaborar los menús.

¡Reto conseguido!

Organizo mi mente

anayaeducacion.es Dispones de una versión imprimible de esta página en el apartado «Organizo mi mente» del banco de recursos.

anayaeducacion.es No olvides consultar los apartados «Para estudiar» y «Aprende jugando» en el banco de recursos.

1 Completa este esquema en tu cuaderno con la información que has aprendido en el apartado de Gramática:

El nombre y sus clases

Los **nombres** son las ... que utilizamos para ... a las ..., los ..., las ..., las ... y los lugares.

Comunes: sirven para designar todas las ..., ..., ..., ... y ... .

Burros

Propios: sirven para identificar a ..., ..., cosas y lugares, y distinguirlos de los demás.

Platero

Colecciono palabras

2 Observa con atención el siguiente menú. En el restaurante *La Casa de la Abuela* se han equivocado al colocar algunos símbolos, ayúdales a situarlos correctamente:

Qué he aprendido

Vocabulario

1 Copia y completa estas oraciones con palabras compuestas:

– Mañana cumplo ocho años. Es mi …

– La máquina que lava los platos se llama … .

– El … es una flor que da pipas.

– La araña fabrica una … .

2 Observa estas extrañas palabras compuestas y escríbelas correctamente en tu cuaderno:

- Pisavidas
- Cuentapiés
- Ciempapeles
- Salvacuentos

3 Separa y copia las palabras simples que forman cada una de las siguientes compuestas:

saltamontes	cortacésped
rompecabezas	rascacielos
espantapájaros	abrelatas

Gramática

4 Copia las palabras de cada columna que no son un nombre:

cantar	pescado	leche
tenedor	melocotón	pelar
agua	beber	verdura

5 Escribe dos ejemplos de nombres propios y otros dos comunes para estas categorías:

- Lugares:
- Familiares:

6 Clasifica los nombres de estas oraciones:

Comunes	Propios
…	…

– Laura había colocado aquel cofre mágico cerca de la cama.

– Mis vecinos, Yolanda y Santiago, tienen un loro muy parlanchín.

– El barco naufragó cerca de Almería.

Ortografía

7 Copia y completa las palabras con c o qu:

…arabela	pe…eño	por…ería
a…uerdo	…into	a…í

8 Copia y completa en tu cuaderno las palabras de las oraciones utilizando c o z:

– …elia …epillaba la falda de ter…iopelo.

– El rino…eronte es un animal fero… .

– Las cere…as de esa rama pare…en los pendientes del cere…o.

Dictado

Lee el texto para preparar el dictado y hazlo con buena letra.

Enrique, Carla y Cecilia tienen aficiones muy diferentes:
A Enrique le encanta ir de excursión por el campo y coger escarabajos.
A Carla le encanta correr con sus zapatillas nuevas en las pistas del colegio. Siempre gana en las carreras de cien metros.
Cecilia quiere ser escultora de arcilla y es muy aficionada a las adivinanzas.

Cómo he aprendido

PORTFOLIO 5

Recuerda seleccionar el material de trabajo de esta unidad para tu portfolio.

anayaeducacion.es
Dispones de una versión imprimible de esta página en el «Portfolio» del banco de recursos.

1 Piensa en lo que has aprendido de tus compañeros y compañeras y lo que han aprendido ellos y ellas de ti. Completa la siguiente tabla en tu cuaderno:

He aprendido
...
...
...

Han aprendido
...
...
...

en tu cuaderno COMPLETA o en tu porfolio impreso

2 Dibuja la tela de araña en tu cuaderno, marca de 1 a 3 en qué nivel estás en cada aspecto y une los puntos al terminar.

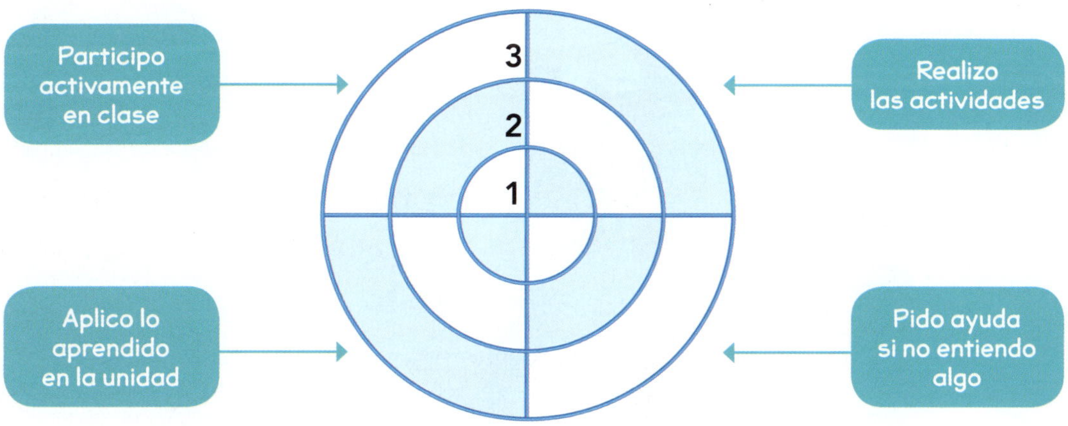

3 Copia en tu cuaderno las siguientes frases, piensa sobre cada una y responde con sinceridad:

- La actividad con la que he aprendido más es …
- De todo lo que he aprendido en esta unidad, lo que más utilidad tiene es …
- Conocer las características de una exposición me va a ser útil para …

anayaeducacion.es
Descubre y comparte en familia.

6 ¡Todos a escena!

Se apagan las luces, se levanta el telón y los focos iluminan el escenario. ¡Esto es el teatro!

Te proponemos un reto

¿Te atreves a ser actor o actriz de teatro?

Para superar el reto... investigo y aprendo

- Lectura: *¡Hoy es viernes!*
- Nombres de parejas
- Dramatizar un texto
- El género y el número
- Palabras terminadas en *-d* y *-z*
- El teatro

Para demostrar que lo he superado realizo... una representación teatral

- Paso 1: Descubrimos cómo es un texto teatral.
- Paso 2: Transformamos un cuento en un texto teatral.
- Paso 3: Dramatizamos nuestro cuento.

Antes de leer

- Observa cómo está organizado el texto. ¿Cómo aparecen escritos los nombres de los personajes?
- Escucha el texto de la Lectura.

¡Hoy es viernes! 6

Un teatro que se va llenando de público. Dos tramoyistas, SÁNCHEZ y RODRÍGUEZ, dan unos martillazos escalofriantes. Una señora de la limpieza, MARGARITA, está pasando la fregona y quitando el polvo por el fondo del escenario. Se apagan las luces y los dos tramoyistas dejan de trabajar.

Entra EL DIRECTOR. Cruza de un lado a otro del teatro y se fija en los dos TRAMOYISTAS.

DIRECTOR.— Pero… pero ¿qué pasa aquí? ¿Por qué no estáis trabajando? ¡Venga, venga a la tarea! ¡Hay que terminar esos decorados cuanto antes! ¿No os habéis enterado de que estrenamos mañana?

SÁNCHEZ.— Sí. Sí, señor director. Eso nos han dicho, precisamente: que estrenamos… mañana, ¿verdad?

DIRECTOR.— Eso es, mañana.

RODRÍGUEZ.— Hoy, no. Mañana.

DIRECTOR.— ¡Exacto! Esta noche, ensayo general. Y el estreno, mañana.

SÁNCHEZ.— *(Para asegurarse)*. Mañana. […]

DIRECTOR.— *(Ya algo mosqueado)*. ¡Sí, hombre, sí! ¡Mañana! ¿Qué pasa? ¿Es que hablo chino mandarino? ¡Mañana! Estrenamos mañana. ¿Está claro?

RODRÍGUEZ.— Cristalino, señor director.

Los dos TRAMOYISTAS vuelven a dar martillazos, EL DIRECTOR, antes de desaparecer por el lateral, lanza un vistazo al patio de butacas.

DIRECTOR.— *(Al público. Sonríe)*. Hola. Buenas tardes. *(Sale. Una pausa. De pronto, lanza un alarido, regresa y se dirige a los dos TRAMOYISTAS en voz baja, como en un aparte, pero muy alterado)*. Sánchez, Rodríguez…, ¿qué hace ahí sentada toda esa gente? *(Los TRAMOYISTAS se vuelven hacia la platea)*. ¡No! ¡No miréis! ¡Disimulad! *(Mirando hacia la maquinaria, pero señalando disimuladamente hacia la platea. Habla entre dientes)*. Esos. Esos que están ahí sentados en el patio de butacas. ¿Qué hacen aquí? ¿Quiénes son?

SÁNCHEZ.— *(Bajito)*. Ah, pues… no sé. El caso es que llevan ya un buen rato. Si quiere que le diga la verdad…, para mí, que van a ser espectadores.

DIRECTOR.— *(Espantado)*. ¡Espectadores!

RODRÍGUEZ.— Respetable público, le dicen.

DIRECTOR.— *(Ahora sí, escudriña la platea, frunciendo mucho el ceño).* ¡Cierto! Tienen cara de respetable público. Pero ¿cómo demonios han llegado hasta aquí? ¿Quién les ha dejado entrar?

SÁNCHEZ.— Nosotros no hemos sido, señor director.

DIRECTOR.— Pues si vosotros no habéis sido y yo tampoco he sido…, solo queda un posible culpable. *(Se vuelven los tres hacia la señora de la limpieza. EL DIRECTOR la señala acusadoramente con el dedo).* ¡Ajajá! ¡Ha sido usted, Margarita! ¡Usted ha dejado entrar a toda esa gente! Son amigos suyos, ¿verdad? ¡Confiese!

MARGARITA.— ¡Venga, hombre! Yo bastante tengo con andar todo el día con el mocho a cuestas como para dejar entrar a nadie.

DIRECTOR.— ¿Entonces…?

MARGARITA.— Habrá sido Cosme, el portero.

SÁNCHEZ.— *(Cayendo en la cuenta).* ¡Cosme! […]

DIRECTOR.— ¡Naturalmente! ¡Me había olvidado de Cosme, ese irresponsable! ¡Pues me va a oír! ¡Se le va a caer el pelo! *(Desde el centro de escena se vuelve hacia el lateral izquierdo y empieza a gritar).* ¡Cosme, venga aquí ahora mismo! ¡Cosme!

Los dos TRAMOYISTAS se le unen. Gritan todos como desesperados, haciendo bocina con las manos.

LOS TRES.— ¡Cosmeee! ¡Cosmeee!

Fernando Lalana, *Se suspende la función*. Ed. Anaya.

Vocabulario

Tramoyistas: personas que manejan las máquinas que sirven para hacer los cambios de decorado en el teatro.

Cristalino: que está muy claro.

Alarido: grito fuerte.

Platea: zona de butacas en la parte baja de un teatro.

Escudriña: examina, observa con gran cuidado.

Comprensión lectora

Contestamos el test

1 ¿Dónde está ocurriendo la acción?
- a) En un teatro.
- b) En una fábrica.
- c) En un taller mecánico.

2 ¿Cuántos personajes hablan en el texto?
- a) Tres.
- b) Cuatro.
- c) Cinco.

3 ¿Qué está haciendo Margarita?
- a) Ordenando cosas.
- b) Leyendo.
- c) Limpiando el escenario.

4 ¿Quién da martillazos?
- a) El portero.
- b) El director.
- c) Los tramoyistas.

5 ¿Qué hay en el patio de butacas?
- a) Público.
- b) Trabajadores.
- c) Amigos de Margarita.

6 ¿Quién es Cosme?
- a) El portero.
- b) Un tramoyista.
- c) Un señor del público.

Nos acercamos al texto

7 1-2-4 Lee la definición y completa en tu cuaderno las palabras relacionadas con el teatro.

1. T…Q… … LL…: Lugar donde se venden las entradas de las localidades.
2. … U… … … A: Asiento con brazos y respaldo.
3. E … … … N… R … …: Espacio donde se representa una obra teatral.
4. … E … Ó …: Cortina de tela que se cierra por delante del escenario.
5. C … … E R… …O: Lugar donde se preparan los artistas antes de actuar.
6. D … C… … A … O: Conjunto de elementos que se utilizan para crear un ambiente en un escenario.

Entendemos la lectura

8 Folio giratorio ¿Cuál es el significado de estas expresiones de la lectura?

- Lanzar un alarido.
- Fruncir el ceño.
- Hablar en chino mandarino.
- Hablar entre dientes.
- Hacer bocina con las manos.

9 ¿Por qué quiere el director que se terminen los decorados rápidamente?

10 ¿Qué quiere averiguar el director?

11 ¿De qué dos formas llaman al público en la Lectura los personajes?

12 ¿Quién crees que ha dejado entrar a los espectadores en el teatro?

Reflexionamos

13 ¿Has visto alguna vez una representación teatral? Cuenta a tus compañeros y compañeras qué sentiste. Si no has visto ninguna, piensa en qué podrías sentir.

14 ¿Has actuado alguna vez delante de muchas personas? ¿Qué sentiste en ese momento: nervios, miedo, ilusión, alegría…?

Paso 1 2 3

Descubrimos cómo es un texto teatral.

Veo, pienso, me pregunto En grupo responded a estas preguntas para conocer las características del texto teatral:

- ¿Cómo comienza el texto de la Lectura?
- ¿Cuántos personajes aparecen? ¿Qué está haciendo cada uno?
- ¿Dónde se desarrolla la historia?
- ¿Para qué sirve la información que aparece en cursiva y entre paréntesis?

Elaborad un documento con las conclusiones de vuestro análisis.

anayaeducacion.es Completa en la web tu ficha de lectura.

Nombres de parejas

1 Copia en tu cuaderno y relaciona estas palabras para formar parejas:

madrina hembra actriz mamá
actor padrino macho papá

Para indicar el sexo de las personas y de los animales, a veces se emplean **palabras diferentes.**

2 Clasifica en tu cuaderno las siguientes palabras indicando si son de sexo femenino o masculino. Fíjate en el ejemplo:

nuera oveja yegua carnero
caballo vaca yerno toro

– **Femenino:** abeja, …

– **Masculino:** zángano, …

3 Completa en tu cuaderno las oraciones con las siguientes palabras:

amazona jinete padre caballero madre
varones mujeres dama

– El … cayó de su caballo antes que la …

– La … recibió la visita del … en el castillo.

– Mi … y mi … han ido a la reunión del colegio.

– Las abuelas y las nietas son … ; los abuelos y los nietos son …

Amazona.

¡Comunícate!

Dramatizar un texto

1 Observa esta imagen y contesta a las preguntas:

Dramatizar es **representar un texto** como si fuera una obra de teatro.

a) ¿Dónde están los personajes de la imagen?

b) ¿Cómo van caracterizados?

2 Repartíos los papeles y leed en voz alta este nuevo fragmento de la obra de Fernando Lalana *Se suspende la función*:

COSME.— *(Entra por el lateral derecho, con una enorme linterna en una mano y un garrote en la otra. Grita)*. ¿Qué pasa?

Los otros tres se dan un susto de muerte.

DIRECTOR.— *(Se vuelve hacia COSME, sujetándose el pecho con la mano y con cara de pocos amigos)*. Vamos a ver, Cosme, ¿no le he dicho que hoy teníamos ensayo general de la obra?

COSME.— Sí, señor director. Ensayo general «con todo». *(Se señala la frente)*. Me acuerdo muy bien.

DIRECTOR.— ¡Exacto! ¿Y qué significa ensayo general «con todo»?

COSME.— Pues... la propia palabra lo dice: con todo. Tres sílabas. Con-todo. O sea..., con el vestuario completo, con los maquillajes de verdad, con música, con toda la utilería..., con actores... Vamos, con todo.

DIRECTOR.— Efectivamente, Cosme. Con todo. *(Grita)*. ¡Con todo menos con público, [...]!

COSME.— Ya lo sé, señor director. ¡Qué cosas tiene el señor director! ¡Lo gracioso que es el señor director! Por eso, tal como dijo el señor director, no he dejado entrar a nadie.

DIRECTOR.— Así que no ha entrado nadie, ¿eh?

COSME.— Ni una mosca. Garantizado. [...]

DIRECTOR.— *(Le arrebata a COSME la linterna y enfoca hacia el público)*. ¿Y toda esta gente? ¿Eh? ¿De dónde ha salido todo ese montón de espectadores?

Fernando Lalana, *Se suspende la función*. Ed. Anaya.

Las **acotaciones** son los textos que aparecen en cursiva y entre paréntesis en un texto teatral. En ellas se indica cómo van vestidos los personajes, a quién se dirigen, cómo es el escenario y cómo se debe representar la escena.

3 ¿Crees que se comprendería igual el texto teatral de la actividad 2 si no tuviera acotaciones? Explica tu respuesta.

4 Vuelve a leer el fragmento de la Lectura y relaciona en tu cuaderno cada personaje con el vestuario que sea más adecuado.

Sánchez y Rodríguez

Margarita

Director

Zona de expresión

- Formad grupos de cuatro e inventad en unas diez líneas una posible continuación del fragmento de la actividad 2.
- Ahora dramatizad los tres fragmentos: la Lectura, el texto de la actividad 2 y vuestro texto.
- No olvidéis utilizar un tono de voz apropiado e incorporar los gestos y movimientos que creáis adecuados.

1 2 3 Paso

Transformamos un cuento en un texto teatral.

- Seleccionad entre todos un cuento clásico para convertirlo en un texto teatral.
- Tablero de historias Decidid las siguientes características de vuestra obra:
  - Cómo empieza, qué sucede y cómo acaba.
  - En qué lugar ocurre la historia.
  - Qué personajes aparecen.
  - Describid en las acotaciones: cómo es el decorado, cómo van vestidos los personajes, por qué lugar entran a escena, qué gestos realizan mientras hablan.
  - Escribid los diálogos.

El género y el número

1 Completa esta tabla en tu cuaderno escribiendo estos nombres donde corresponda: viernes, teatro, señora, fregona, escenario, luz, decorado, noche.

Masculino	Femenino
el …	la …

Según su **género** los nombres pueden ser:

Masculino:

- Pueden llevar delante la palabra **el:** ***el*** *llavero.*
- Suelen acabar en **-o:** *pat**o.***
- Otras terminaciones: *acto**r,** duqu**e.***

Femenino:

- Pueden llevar delante la palabra **la:** ***la*** *llave.*
- Suelen acabar en **-a:** *ran**a.***
- Otras terminaciones: *duqu**esa,** actri**z.***

el llavero

la llave

2 Escribe en tu cuaderno el femenino y el masculino de estos animales:

	Femenino	Masculino
	…	…
	…	…
	…	…

3 Copia en tu cuaderno estas oraciones rellenando los huecos con el o la y clasifica los nombres según el género:

– … viajero llegó a … ciudad de Córdoba en … tren de … una de … noche.

– Esta mañana he paseado por … parque con … patinete.

– … semana pasada compré … regalo para mi abuela.

– … vestido rojo me quedaba perfecto con … chaqueta.

pat**o** amarill**o**

ran**a** pequeñ**a**

4 Clasifica en tu cuaderno estos nombres:

piano, panderetas, saxofón, tambores, violines, guitarra, flautas, clarinete

Un solo instrumento	Varios instrumentos
...	...

El **número** de los nombres puede ser:

- **Singular:** si se refiere a un solo ser u objeto: *pieza.*
- **Plural:** si se refiere a varios seres u objetos: *pieza**s.***
  - Si el nombre acaba en vocal, añadimos **-s:** *vaca**s.***
  - Si el nombre acaba en consonante, añadimos **-es:** *reloj**es.***

pieza

piezas

5 Busca en la Lectura cinco nombres en plural y cinco en singular, y escríbelos ordenados alfabéticamente.

6 Escribe en tu cuaderno el plural de estos nombres y subraya las letras que has añadido: balón, zapatilla, lápiz, patio, portería, raqueta, vestuario, taquilla, comedor.

7 Completa la tabla en tu cuaderno cambiando el número de estos nombres del singular al plural, o viceversa y completa la tabla: peluca, calcetín, zapatos, cascos, guante, pantalón, máscara, plumas, cinturón, espadas.

Masculino singular	...
Femenino singular	...
Masculino plural	...
Femenino plural	...

8 Cambia el número a estas profesiones relacionadas con el teatro:

limpiador, acomodadores, directora, maquillador, porteros, espectadora, actor

anayaeducacion.es Realiza la actividad que se propone en el apartado «Recursos por unidad».

Palabras terminadas en *-d* y *-z*

1 Observa cómo se escriben estas palabras y clasifícalas en tu cuaderno: perdiz, mitad, disfraces, edad, perdices, arroces, mitades, disfraz, arroz, edades.

Terminadas en *-d*	...
Terminadas en *-des*	...
Terminadas en *-z*	...
Terminadas en *-ces*	...

- Las palabras que terminan en **-d** forman su plural en **-des.**
- Las palabras que terminan en **-z** forman su plural en **-ces.**

2 Completa en tu cuaderno las palabras con -d o con -z:

felicida...	cru...	gratitu...
pa...	regali...	ajedre...
die...	huéspe...	ataú...
oscurida...	tempesta...	nue...

3 Escribe en tu cuaderno el plural de estas palabras: juventud, voz, abad, voluntad, feliz, coz, Navidad, lombriz.

4 Escribe en tu cuaderno el singular de estas palabras:

albornoces	ustedes	veloces	avestruces
humedades	capaces	actitudes	soledades

5 Completa las palabras de estas oraciones con -d o con -z. Después, transfórmalas en plural:

– He olvidado el alborno... en la piscina.

– La activida... me parece muy difícil.

– Tenemos que comprar arro... para la paella.

– Ya han encendido la lu... de la farola.

– Llegaron a la meta a gran velocida....

6 Completa en tu cuaderno con el plural y el singular que corresponda con las siguientes imágenes:

	Singular	Plural
	…	…
	…	…
	…	…

7 Escribe en tu cuaderno dos oraciones en las que utilices las palabras actriz y actrices.

Dictado

Antes del dictado

Lee el texto.

En **Valladolid** hay un parque de aves **rapaces.** La que más me gusta es el águila porque, para saciar su hambre **voraz,** es capaz de volar a gran **velocidad** y capturar presas muy pequeñas. Puede volar a mucha **altitud,** y es **capaz** de ver **perdices** y **codornices,** aunque la **luz** del sol la deslumbre. Otra de sus **virtudes** es que también puede levantar con sus garras presas de grandes **magnitudes.**

Después del dictado

Valora el resultado.

ORTOGRAFÍA | PRESENTACIÓN | CALIGRAFÍA

¡Conoce la literatura!

El teatro

El **teatro** se escribe para ser **representado en escena.** La historia la cuentan los personajes a través de los **diálogos.**

1 En grupos de tres leed en voz alta esta escena:

LEÓN.— Otro día más… Cada vez se me hace más pesado todo esto…, pero, bueno, al menos, estamos trabajando. Peor sería no tener trabajo. ¿No pensáis igual, chicos?

AVESTRUZ.— ¿Trabajando? Si tú a esto lo llamas trabajar…

LEÓN.— ¡Pues tú me dirás qué si no!

AVESTRUZ.— Yo me paso casi todo el día tumbado aquí.

LEÓN.— Eso ya lo vemos, bonita.

AVESTRUZ.— ¡No tiene gracia que repitas lo de «bonita»! Yo no sé cuándo se va enterar este cuidador de que yo soy un avestruz macho y no un avestruz hembra. Cuando las personas ven a un avestruz, siempre piensan que tiene que ser hembra. Pues no, no señor, que yo no soy una hembra, hombre, que soy macho, ¡un macho!

Rafael Alcaraz, *Animaladas*. Ed. Anaya.

Zona creativa

Imagina cómo sigue el diálogo entre el león, el avestruz y la cebra, y escribe dos intervenciones más de cada personaje.

1 2 3 Paso

Dramatizamos nuestro cuento.

- Elegid un director y repartid los personajes.
- Organizad el escenario.
- Ensayad el texto y representadlo en el aula.
- Pedid a los compañeros y las compañeras que graben la representación con una tableta o teléfono para visualizarla después en clase.
- Decidid qué representación os ha gustado más y explicad por qué.

Organizo mi mente

> **anayaeducacion.es** Dispones de una versión imprimible de esta página en el apartado «Organizo mi mente» del banco de recursos.

> **anayaeducacion.es** No olvides consultar los apartados «Para estudiar» y «Aprende jugando» en el banco de recursos.

1 Copia este esquema en tu cuaderno y complétalo con los contenidos del apartado de Gramática que has estudiado:

El género y el número del nombre

- **Masculino**
  - Pueden llevar delante la palabra …
  - Suelen acabar en …
  - A veces tienen otras …
- **Femenino**
  - Pueden llevar delante la palabra …
  - Suelen acabar en …
  - A veces tienen otras …
- **Singular**
  - Se refiere a …
- **Plural**
  - Se refiere a …
  - Suele formarse añadiendo:
    - **-s** si el nombre acaba en …
    - **-es** si el nombre acaba en …

Completa EN TU CUADERNO o en la versión imprimible

Colecciono palabras

2 En la lectura aparecen estas palabras:

Cristalino · Alarido · Escudriñar

Piensa en tres situaciones donde puedes utilizar estas palabras y escribe una oración en tu cuaderno:

Palabra	Situación	Oración
Cristalino	…	…
Alarido	…	…
Escudriñar	…	…

Qué he aprendido

Vocabulario

1 Escribe las parejas de los siguientes nombres: madre, yerno, madrina, hembra.

Gramática

2 ¿Cuál es el género y el número de las siguientes palabras?

música	fiestas	príncipe
reyes	viaje	sentimientos

3 Cambia el género y el número de las palabras destacadas en estas oraciones:

– La **actriz** protagonista vendrá mañana.
– Los **condes** llevaban una gran maleta.
– El **emperador** dio la orden de cerrar.
– Las **marquesas** fueron a la recepción.

4 Copia estos nombres cambiando su número:

volcanes	móvil
amor	duque
lombrices	isla

Ortografía

5 Escribe en tu cuaderno el singular de estas palabras:

jueces	disfraces
narices	felices
lápices	arroces
veloces	cruces
coces	dieces
peces	nueces

6 Escribe el plural de estas palabras:

luz	avestruz	nuez
paz	actriz	vez
cicatriz	diez	voz

7 Resuelve el crucigrama en tu cuaderno con las palabras que correspondan:

a) Lo contrario de mentira es ...
b) La gripe es una ...
c) El coche corría con mucha ...
d) Lo contrario de aspereza es ...
e) Lo contrario de vejez es ...
f) Los yogures tienen fecha de ...
g) El pescador recogió sus ... llenas de peces.

a	V	E		D						
b	E	N	F				E			D
c	V		L		C	I				
d	S	U		V						
e	J		V		N	T				
f	C	A	D					A		
g	R	E								

Dictado

Lee el texto para preparar el dictado y hazlo con buena letra.

David fue a una fiesta de disfraces. Al entrar escuchó la música que salía de los altavoces de la pared. Allí se encontró con sus amistades y jugaron a cantidad de juegos. Merendaron tarta de chocolate con nueces, bocadillos y palomitas de maíz. De repente, se apagó la luz y como no fueron capaces de arreglarlo y no pudieron continuar con sus actividades, pero David se fue a casa muy feliz.

Cómo he aprendido

PORTFOLIO 6

Recuerda seleccionar el material de trabajo de esta unidad para tu portfolio.

anayaeducacion.es Dispones de una versión imprimible de esta página en el «Portfolio» del banco de recursos.

1 Copia el siguiente cuadro en tu cuaderno señalando el emoticono que corresponda a cada una de las oraciones:

Utilizo los nombres de parejas correctamente.			
Realizo dramatizaciones de textos acompañándolas con gestos y voces adecuadas al personaje.			
Cambio correctamente de género y número los nombres.			
Escribo correctamente las palabras acabadas en **-d**, **-des**, **-z**, **-ces**.			
Reconozco los textos teatrales y sus características.			

en tu cuaderno COMPLETA o en tu portfolio impreso

2 Ahora piensa y responde en tu cuaderno qué has aprendido de tus compañeros y compañeras y qué han aprendido ellos de ti.

- De mis compañeros y compañeras he aprendido ...
- Mis compañeros y compañeras han aprendido de mí ...
- Lo que me ha gustado de trabajar en grupo es ...
- He tenido alguna dificultad trabajando en grupo: ...

3 Escribe una lista de, al menos, tres cuestiones para las que crees que te puede servir lo aprendido en esta unidad.

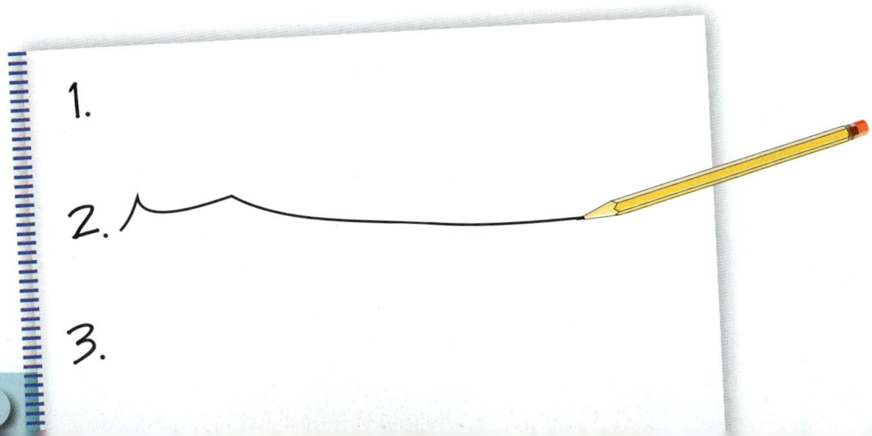

anayaeducacion.es Descubre y comparte en familia.

7 ¡Creamos poesía!

¿Sabías que muchas letras de canciones son poemas? Seguro que conoces muchos. ¿Te gustaría escribir un poema?

Te proponemos un reto

¿Te atreves a subir tu poema al blog escolar?

Para superar el reto... investigo y aprendo	**Para demostrar que lo he superado creo... un blog de poesía**
Lectura: *La aventura de leer*	Paso 1: Elegimos el tema para escribir nuestra poesía.
Palabras derivadas: sufijos	
La lengua literaria	Paso 2: Creamos la poesía.
El adjetivo	Paso 3: Leemos y corregimos las poesías.
Palabras con *ll* y con *y*	
Poemas, versos y rimas	Paso 4: Subimos las poesías al blog del aula o del centro.

Antes de leer

- Observa el texto. ¿Por qué las líneas son tan cortas? ¿Sabes de qué tipo de texto se trata?
- Escucha el texto de la Lectura.

La aventura de leer

Vivía un viejo libro en una estantería.
«¿Por qué nadie me lee?», lloraba cada día.
Hasta que una mañana salió de casa Queca
y sin saber bien cómo, llegó a la biblioteca.

Cogió el libro olvidado y abrió sus tapas rojas:
cientos de personajes salieron de sus hojas.
Queca estaba encantada al ver que, de repente,
seres maravillosos volaban por su mente.

Como el terrible Alfredo, el rey de los dragones,
al que le daban un miedo tremendo los ratones.
Un día en su guarida se le coló un ratón
y dio un salto tan grande que aterrizó en Plutón.

[…]

En su imaginación vio a un caballero andante,
que soñaba a menudo con ser un gran cantante.
Soltaba tales gallos —esto que os cuento es cierto—
que hacía que lloviera hasta en pleno desierto.

Miss Bruja 2013, nariguda, dentona,
luciendo mil verrugas y pelos de fregona,
al mirarse al espejo sonreía orgullosa.
¡La hacía tan feliz ser fea y horrorosa…!

Vocabulario

Guarida: refugio donde vive alguien.

Caballero andante: caballero que va por el mundo buscando aventuras.

Gallos: notas chillonas y desafinadas.

El pirata Tadeo, al que con la humedad
le salían juanetes. ¡Vaya contrariedad!
Y posado en su hombro, el loro Luis Ernesto
le picaba la oreja. ¡Qué loro tan molesto!

Pasó por su cabeza volando el hada Lola,
que hechizaba a lo loco: no daba pie con bola.
A la Bella Durmiente, moviendo su varita,
la transformó una noche en *pizza* margarita.

El libro era genial. Queca estaba asombrada.
Se sentía con él requeteacompañada...
La biblio iba a cerrar. Tenía el tiempo justo.
Dejó el libro en su sitio, pero con gran disgusto.

Y dijo para sí: «¡Qué mágica aventura
acabo de vivir gracias a la lectura!
Lo he pasado muy bien. Un libro es fascinante.
Leeré todos los días de ahora en adelante».

Carmen Gil. http://poemitas.org

Vocabulario

Juanetes: huesos que sobresalen en el nacimiento del dedo gordo del pie.

Fascinante: muy atractivo.

Comprensión lectora

Lectura compartida

Contestamos el test

1 ¿Dónde estaba el libro?

a) En un colegio.

b) En casa de Queca.

c) En una biblioteca.

2 ¿Quién cogió el libro de la estantería?

a) Queca.

b) Alfredo.

c) Elisenda.

3 ¿De qué color son las tapas del libro?

a) Azules.

b) Marrones.

c) Rojas.

4 ¿Quién es Alfredo?

a) Un rey.

b) Un ratón.

c) Un astronauta.

5 ¿Qué quería ser el caballero andante?

a) Cantante.

b) Granjero.

c) Explorador.

6 ¿En qué convirtió el hada Lola a la Bella Durmiente?

a) En sapo.

b) En *pizza* margarita.

c) En estatua de oro.

Nos acercamos al texto

7 Relaciona en tu cuaderno cada personaje con el objeto que corresponda:

Entendemos la lectura

8 ¿Por qué lloraba el libro?

9 ¿Dónde está el loro Luis Ernesto?

10 ¿Por qué se sentía orgullosa Miss Bruja 2013?

11 ¿Qué le pareció a Queca el libro que encontró en la biblioteca?

12 ¿Por qué dice Queca que ha vivido una mágica aventura gracias a la lectura? ¿Te ha pasado alguna vez?

Reflexionamos

13 Lee este texto y elige un sentimiento sobre el que te gustaría escribir una poesía. Haz una lista de cosas que te hacen tener este sentimiento:

> La poesía sirve para expresar con palabras la sorpresa, el miedo, la tristeza, la alegría, la melancolía, la soledad, incluso aquello que más me divierte o las cosas que más me enfadan.
>
> José Luis Ferris, *El sabor de las palabras. Antología poética*. Ed. Anaya.

Paso 1 2 3 4

Elegimos el tema para escribir nuestra poesía.

- Selecciona uno de los sentimientos del texto de la actividad 13.
- Análisis asociativo En una columna escribe palabras que tengan relación con el sentimiento seleccionado y en la otra columna, palabras que rimen con esta.

anayaeducacion.es Completa en la web tu ficha de lectura.

Palabras derivadas: sufijos

1 Busca en la Lectura tres palabras relacionadas con las siguientes:

estante | vara | horror | orgullo | fregar

frutería

Añadiendo **sufijos** a otras palabras formamos palabras derivadas.

Algunos sufijos son: **-ero, -era, -ería, -ista, -ita, -oso, -osa, -able, -illo, -illa, -ito** y **-ado.** Por ejemplo: *mejor > mejor**able**, libro > libr**ero**.*

frutero

fruta

2 Copia y clasifica las siguientes palabras con su grupo de palabras derivadas: naricilla, avispero, jabonera, gracioso, graciosillo, varita, avispado, jaboncito, nariguda.

avispa	jabón	vara	gracia	nariz
...	...	...	...	...

3 Observa y escribe los nombres de los oficios de estas personas:

A

B

C

D

4 Copia y completa este cuadro como en los ejemplos:

llover	*lluvioso*	*taxi*	*taxista*	*contar*	*contable*
maravillar	...	*saxofón*	...	*agradar*	...

La lengua literaria

1 Lee el siguiente fragmento:

El árbol de las mariposas

[...] Un árbol de hojas finas vio una nube de mariposas azotada por el viento. Estaban a punto de perecer arrastradas por el huracán. Algunas, extenuadas, dejaban de aletear y se estrellaban contra el suelo. El árbol no podía permitir que se perdiera algo tan bello [...].

Carles Cano

En literatura se utiliza la **lengua de un modo especial,** diferente a como la utilizamos con nuestra familia o con los amigos.

2 Lee este texto en voz alta y contesta después a las preguntas:

Con las hojitas de tilo,
se perfuma el cocodrilo.
Con las hojas de manzano
llega el calor del verano.

Con hojas del membrillero
se saca brillo al sombrero.
Con las hojitas del pino,
se hace la sombra el camino.

Antonio Rubio

- ¿Con qué palabras riman *cocodrilo, verano, sombrero* y *camino*?
- ¿A qué campo semántico pertenecen?

3 Copia en tu cuaderno el siguiente poema y completa los versos con estas palabras:

aterrice

avión

mismito

infinito

Copla más allá

Aquel que arroja un ...
de papel al ...,
nunca espera que ...
¡tan pronto y aquí ...!

Cecilia Pisos. *Soplacopas*. Ed. Anaya.

La rima y el ritmo son algunos recursos del lenguaje literario.

Otros recursos de la lengua literaria son: la **comparación** y la **personificación.**

- La **comparación:** relaciona dos realidades que tienen una cualidad en común.
- La **personificación:** atribuye cualidades humanas a los animales, plantas o cosas.

Las nubes lloran sin descanso.

Te has puesto rojo como un tomate.

4 Completa estas oraciones formando comparaciones:

– Tu pelo es … como …

– Tus ojos son … como …

– Tus dientes son … como …

– El árbol es … como …

5 Busca en la Lectura cuatro parejas de palabras que rimen entre sí.

6 Localiza en el texto de la actividad 1 dos personificaciones.

Zona de expresión

Tablero de historias ¿Qué objetos se personifican en estas imágenes?

Formad grupos de tres y escribid un breve texto teatral en el que estos tres personajes dialoguen. Puedes escribirlo con rimas.

1 **2** Paso 3 4

Creamos la poesía.

Con las palabras que riman del paso 1 crea tu poesía. Intenta que aparezca alguno de los recursos lingüísticos estudiados en estas páginas.

Puedes usar esta plantilla, que te puede servir de ayuda:

Plantilla

Me siento alegre

cuando estoy de vacaciones

porque no hay deberes

ni madrugones.

El adjetivo

1 Vuelve a leer el poema de la Lectura y di cómo son estos objetos. Por ejemplo: *El libro es **viejo.***

libro tapas seres miedo caballero aventura

Parada de 5 minutos Los **adjetivos** son palabras que **acompañan al nombre** para indicar sus cualidades. El adjetivo **concuerda** con el nombre en **género** y **número.**

2 Observa la ilustración y di qué cualidades tiene este personaje:

grande
morado
alegre

verde
pequeño
enfadado

3 Copia y relaciona cada animal con el adjetivo que le corresponda:

tortuga	rápido
hormiga	astuto
león	lenta
avestruz	fiero
zorro	trabajadora

4 Copia y escribe delante de estos adjetivos el nombre común que le corresponda:

pastel limón guindilla jamón

… salado … ácido … picante … dulce

5 Completa en tu cuaderno las oraciones con estos adjetivos: áspera, brillante, afiladas, feroz.

– El león tiene garras ….
– El lobo es un animal …
– El elefante tiene la piel …
– La luciérnaga emite una luz …

1 2 3 Paso 4

Leemos y corregimos las poesías.

- Lee tu poesía en voz alta al resto de los compañeros y compañeras y modifica los versos a partir de sus valoraciones.
- Cuando evalúes los poemas de tus compañeros y compañeras, fíjate en lo siguiente:
  – ¿Tiene rima?
  – ¿Utiliza el lenguaje de un modo especial?
  – ¿Hay comparaciones o personificaciones?
- Realiza un dibujo que acompañe al poema.

6 Escribe en tu cuaderno seis adjetivos que describan a este personaje:

7 Clasifica estos adjetivos en la categoría que corresponda: amarillo, rectangular, diminuto, redondo, azulado, gigante, amarillento, triangular, pequeño.

Forma	Color	Tamaño
...	...	...

8 Escribe un sinónimo para cada uno de estos adjetivos: horrible, aseado, guapo, flaco, mimosa.

9 Lee el poema y escribe en tu cuaderno los adjetivos en color azul y los nombres en color rojo:

El cangrejo y el bogavante

Ve de lejos el cangrejo,
desconcertado y perplejo,
cómo pasa un bogavante,
caminando hacia delante.
Piensa: «El asunto es sencillo:
a este le falta un tornillo.
¡Qué animal tan sorprendente!
¡No es normal andar de frente!».
El bogavante, asombrado,
ve al cangrejo andar de lado
y comprende en un instante
que es un ser extravagante.
«Nunca vi mayor rareza.
Ha perdido la cabeza
—le dice a su amigo el choco—.
¡El mundo se ha vuelto loco!».
Un día de mar en calma
se hacen amigos del alma
y descubren, sonrientes,
que es genial ser diferentes.

Carmen Gil

Palabras con *ll* y con y

1 Copia en tu cuaderno este fragmento de la Lectura cambiando las palabras subrayadas por palabras derivadas acabadas en -illo o -illa:

El <u>pirata</u> Tadeo, al que con la humedad
le salían <u>juanetes</u>. ¡Vaya contrariedad!
Y posado en su hombro, el <u>loro</u> Luis Ernesto
le picaba la <u>oreja</u>. ¡Qué <u>loro</u> tan molesto!

Se escriben con **ll:**

- Todas las palabras terminadas en **-illo** e **-illa:** *rastrillo, rosquilla, canastilla.*
- La mayoría de los verbos terminados en **-illar, -ullar** y **-ullir:** *brillar, apabullar, zambullir.*

2 Copia y escribe en tu cuaderno las palabras que corresponden a estas imágenes:

A

B

C

D

3 Completa este cuadro en tu cuaderno con las palabras derivadas:

	-illo		-illa
farol	...	empanada	...
borde		torta	
pepino		presa	

4 Copia y completa estas palabras con -illar, -ullar y -ullir:

arrod... ma... atorn... arr...
eng... maqu... patr... cep...

Se escriben con **y:**

- Algunas formas de los verbos que tienen estos sonidos y no aparecen **ll** ni **y** en el infinitivo. Ejemplos: *caer* > *ca**y**ó; leer* > *le**y**ó.*
- Los plurales en **-es** de los nombres cuyo singular termina en **y.** Ejemplo: *rey* > *re**yes.***

5 Fíjate en el ejemplo y escribe la forma que corresponde a estos verbos: huir, poseer, instruir, proveer, disminuir, oír, roer.

construir → construyó

6 Completa en tu cuaderno las siguientes oraciones con las formas de los verbos que se indican y que tengan y:

– El temporal (destruir) el muelle de los pescadores.

– Su gato impidió que se (caer) en el hoyo.

– El precio del hotel (incluir) el desayuno.

Dictado

Antes del dictado

Lee el texto.

Yolanda **cepilla** su pelo mientras su madre está **leyendo** el libro que dejó en la **mesilla.** Cuenta las aventuras de un **caballero** que viaja a caballo por valles y **arroyos.**

Un día, el caballero se **cayó** en un **hoyo** muy profundo y de tanto **chillar** «socorro, socorro», se quedó ronco. Con la ayuda de un **cuchillo** escarbó una escalera en la pared y así salió del agujero. Cuando llegó a su **castillo,** después de una larga jornada caminando, se preparó un buen **desayuno** con tostadas con **mantequilla** y **membrillo.**

Después del dictado

Valora el resultado.

ORTOGRAFÍA	PRESENTACIÓN	CALIGRAFÍA

anayaeducacion.es Realiza el dictado que se propone en el apartado «Recursos por unidad».

¡Conoce la literatura!

Poemas, versos y rimas

Canción de lluvia

Febrero carnavalero,
febrero de lluvia y sol.
Por la calle el paragüero
va cantando su canción.

Los niños danzan en corro
o juegan con el bal**ón**.
Pasan los días, los niños
quieren salir de excursi**ón**.

Sagrario Pinto

Versos

Rima

Arte menor

Versos de 8 sílabas o menos: *Febrero carnavalero* = = 8 sílabas.

Arte mayor

Versos de más de 8 sílabas: *Me gustan las palabras de la gente* = 11 sílabas.

Un **poema** es un texto en verso.

En los poemas se utiliza el lenguaje de un modo especial: un recurso frecuente es la **rima** que, como ya has visto, es la repetición de los sonidos desde la última sílaba acentuada de cada verso.

1 Copia en tu cuaderno este poema y añade las palabras que faltan en el lugar correcto: papel, abanico, viaje.

Con la mitad de un periódico
hice un barco de …;
en la fuente de mi casa
le hice navegar muy bien.
Mi hermana con su …
sopla, y sopla sobre él.
¡Buen viaje, muy buen …,
barquichuelo de papel!

Amado Nervo

2 Recitad el poema de la actividad 1 marcando bien la pronunciación de las últimas sílabas de los versos.

Zona creativa

Continúa el poema de Sagrario Pinto con cuatro versos más. Intenta utilizar los recursos que has aprendido en esta unidad sobre la lengua literaria y los poemas.

1 2 3 4 Paso

Subimos las poesías al blog del aula o del centro.

- Con ayuda del profesor o la profesora, escribid la poesía con un procesador de textos y escanead el dibujo.
- Pensad un título. Debe estar relacionado con las emociones y los sentimientos.
- Subid las poesías al blog del colegio para darle difusión.

¡Reto conseguido!

Organizo mi mente

anayaeducacion.es Dispones de una versión imprimible de esta página en el apartado «Organizo mi mente» del banco de recursos.

anayaeducacion.es No olvides consultar los apartados «Para estudiar» y «Aprende jugando» en el banco de recursos.

1 Completa este esquema en tu cuaderno con la información que has aprendido del apartado de Gramática de la unidad:

El adjetivo

- Palabras que acompañan al ...: libro **viejo**.
- Concuerda con el nombre en ... y en ... .

Bruj**a** horroros**a**.

Dragon**es** verd**es**.

Colecciono palabras

2 Completa estos versos con las palabras del vocabulario de la Lectura para que rimen y averigua de qué personajes se trata:

A

Un señor ...
por el parque camina
tan campante.

B

Se esconde en su ...
pero si llega un ratón
no le da la bienvenida.
...

C

Con la humedad
le salen unos ...
grandes como cacahuetes.
...

Qué he aprendido

Vocabulario

1 Escribe una palabra derivada de los nombres de estos dibujos:

2 Relaciona en tu cuaderno las palabras derivadas de las tres columnas.

campana	pastelería	cochecito
peluca	cochera	peluquero
coche	peluquería	pastelera
pastel	campanario	campanilla

3 Escribe dos ejemplos de:

- Palabras terminadas en **-ero/-era.**
- Palabras terminadas en **-oso/-osa.**
- Palabras terminadas en **-able.**
- Palabras terminadas en **-ita.**

Gramática

4 Forma parejas con los nombres y adjetivos de cada serie.

- **Nombres:** acera, parque, río, agua.
- **Adjetivos:** frondoso, estrecha, turbia, caudaloso.

5 Cambia los adjetivos por su antónimo para que cada oración cambie de significado.

– Lucas corre muy lento.

– Voy a ir por el camino largo.

– Estas flores son grandes y bonitas.

6 Escribe tres adjetivos que describan esta fotografía:

Ortografía

7 Copia y completa las palabras con ll o con y.

bu...ir destru...ó maravi...a

ensi...ar inclu...eron au...ar

8 Copia las palabras derivadas, subraya el sufijo y di la norma ortográfica correspondiente.

bandera/banderilla cama/camilla

palo/palillo ventana/ventanilla

Dictado

Lee el texto para preparar el dictado y hazlo con buena letra.

En una granja vivían una gallina, un gallo y un pequeño pollito. Una noche el pollito se asustó porque oyó el fuerte relinchar del caballo y huyó de la granja. Caminó tanto que se perdió y llegó a la orilla de un arroyo. Las ardillas lo miraban desde los árboles. Allí se quedó hasta que la mamá gallina lo encontró y le dijo: —¿Por qué lloras, pollito mío?, no tengas miedo y ven conmigo. Bajo mis alas te hallarás calentito.

Cómo he aprendido

PORTFOLIO 7

Recuerda seleccionar el material de trabajo de esta unidad para tu portfolio.

anayaeducacion.es
Dispones de una versión imprimible de esta página en el «Portfolio» del banco de recursos.

1 Copia la siguiente tabla en tu cuaderno y escribe en ella las cosas que has hecho por primera vez:

Por primera vez he conseguido...	Creo que lo he hecho...	Los demás han valorado mi trabajo...
• Identificar adjetivos.		
• Relacionar sustantivos con adjetivos.		
• Describir un personaje con adjetivos.		

2 Señala en tu cuaderno el emoticono que corresponda a cada una de las oraciones:

Formo palabras derivadas mediante sufijos.			
Identifico el lenguaje literario, comparaciones y personificaciones.			
Sé concordar los adjetivos con los sustantivos a los que acompañan.			
Escribo correctamente palabras con ***ll*** y con ***y***.			
Identifico poemas, versos y rimas.			

3 Copia en tu cuaderno las siguientes frases, piensa sobre cada una y responde con sinceridad:

- La actividad con la que he aprendido más es . . .
- De todo lo que he aprendido en esta unidad, lo que más utilidad tiene es . . .
- Escribir poemas me va a ser útil para . . .

anayaeducacion.es
Descubre y comparte en familia.

8 ¡Vamos a jugar!

¡Jugar es divertido!
¿Cuáles son tus juegos preferidos?

Te proponemos
un reto
¿Eres capaz de inventar un juego?

Para superar el reto... investigo y aprendo

- Lectura: *Las emociones*
- Palabras derivadas: prefijos
- El lenguaje verbal y no verbal
- El pronombre
- La *r*. Los dos puntos
- Textos para jugar

Para demostrar que lo he superado invento... un juego de mesa

Paso 1. Analizamos las expresiones de la cara relacionadas con diferentes emociones.

Paso 2. Preparamos el juego.

Paso 3. Jugamos.

Antes de leer

- Observa las imágenes. ¿Qué representan?
- Escucha el texto de la Lectura.

Vocabulario

Manifestarse: darse a conocer, mostrarse.
Recurrir: acudir, requerir, necesitar.
Interiorizamos: incorporamos a nuestra manera de ser, pensar y sentir.
Percibirlas: recibirlas a través de los sentidos.
Frustración: imposibilidad de conseguir lo que esperamos o deseamos.
Fruncidos: apretados.
Conmueve: altera, impresiona.

Las emociones 8

Todas las personas podemos expresar ideas o sentimientos sin emplear las palabras. Podemos mover el dedo de la mano de derecha a izquierda para decir «no», o la cabeza de arriba hacia abajo para decir «sí»; si levantamos mucho las cejas y abrimos los ojos, las personas que nos ven pueden pensar que estamos sorprendidos… Es lo que se llama lenguaje gestual o no verbal.

Combinando cejas, ojos, nariz y boca, podemos expresar si estamos contentos, si nos sentimos tristes o enfadados, si tenemos miedo, o algo nos sorprende, si nos provoca nerviosismo, sin decir una palabra. Las emociones tienen su manera de manifestarse, y no siempre son necesarias las palabras.

Todas las personas, cuando queremos mostrar una emoción determinada, solemos recurrir al lenguaje no verbal y las expresiones que empleamos son las mismas para todos, las interiorizamos desde pequeños y todos sabemos percibirlas e interpretarlas cuando las vemos.

Enfado

Normalmente nos enfadamos cuando sufrimos una frustración.

Esta emoción provoca rabia e ira.

Alegría

Cuando nos sentimos alegres tenemos ganas de reír y de saltar.

Esta emoción reduce las preocupaciones y el malestar.

Cejas y ojos cabizbajos.
Boca cerrada, ligeramente inclinada hacia abajo.

Tristeza

Cuando nos sentimos tristes tenemos ganas de llorar.
Esta emoción hace que nos encerremos en nosotros mismos.

Cejas elevadas.
Ojos y boca muy abiertos.

Sorpresa

Cuando algo nos coge desprevenidos, nos sorprende.
Esta emoción nos conmueve o maravilla.

Cejas juntas.
Labios fruncidos.

Nerviosismo

Nos sentimos nerviosos cuando perdemos la serenidad ante una situación que no controlamos.

Los ojos se abren mucho y la boca y el cuello se tensan.

Miedo

El miedo es una alarma interna que se despierta cuando nos sentimos amenazados por un riesgo real o imaginario.

Comprensión lectora

Lectura compartida

Contestamos el test

1 ¿Qué es el lenguaje no verbal?

a) El lenguaje que utiliza solo las palabras.

b) El lenguaje que utiliza solo los gestos.

c) El lenguaje que utiliza las palabras y los gestos.

2 Podemos expresar lo que sentimos…

a) Con el peinado.

b) Con la piel y las uñas.

c) Con el lenguaje no verbal.

3 ¿Qué emoción reduce las preocupaciones?

a) La alegría.

b) El enfado.

c) El miedo.

4 Si tenemos una frustración, sentimos…

a) Tristeza.

b) Enfado.

c) Nerviosismo.

Nos acercamos al texto

5 Ordena estas letras para formar el nombre de diferentes emociones:

ZARTESIT | ORIMVENOSIS | DEONAF

SEROARPS | LÍAGARE | OMEID

Entendemos la lectura

6 Relaciona en tu cuaderno cada emoción con su característica:

Tristeza	nos conmueve o maravilla.
Sorpresa	perdemos la serenidad ante una situación que no controlamos.
Miedo	hace que nos encerremos en nosotros mismos.
Nerviosismo	nos sentimos amenazados.

Reflexionamos

7 Explica qué quiere decir «el miedo es una alarma interna». ¿Crees que a veces puede ser bueno sentir miedo? Razona tu respuesta. ¿Qué le dirías a un amigo tuyo que tiene miedo para que se sienta mejor?

8 Análisis asociativo Escribe en tu cuaderno una situación en la que te hayas sentido:

Alegre	...
Enfadado	...
Triste	...
Nervioso	...

1 Paso 2 3

Analizamos las expresiones de la cara relacionadas con diferentes emociones.

- Buscad y recortad fotografías de rostros que muestren diferentes expresiones en revistas y periódicos.
- Analizad las características de cada expresión facial. Fijaos en la mirada, las cejas, la postura de boca...
- Realizad murales con las fotografías encontradas y describid sus características.

anayaeducacion.es Completa en la web tu ficha de lectura.

Palabras derivadas: prefijos

1 Observa la imagen. ¿Qué se le ha añadido a la palabra *descontento*?

Contento y *descontento*, ¿son sinónimas o antónimas?

- Añadiendo prefijos delante de las palabras formamos **palabras derivadas.** Los prefijos **des-** e **in-** forman palabras que son antónimas de otras. Ejemplo: *necesaria* > ***in**necesaria*, *controlar* > ***des**controlar.*
- El prefijo **re-** significa, generalmente «repetición», o «volver a». Ejemplo: *poner* > ***re**poner, cargar* > ***re**cargar.*

Recuerda

El prefijo **in-** se escribe **im-** delante de *p* o *b*.

probable > ***im**probable*

2 Escribe en tu cuaderno antónimos de estas palabras: montar, ordenar, directo, capaz, tranquila, animar, atar.

3 Relaciona las oraciones con la emoción que corresponda. Después, separa los prefijos de la palabra destacada como se indica en el ejemplo.

Oración
Estoy feliz, me he *reencontrado* con mis amigos.
El perro *reapareció* de repente enseñando los dientes. ¡Qué susto!
Mañana actúo en el teatro y estoy *inquieto* e *intranquilo*.
Estoy *descontento*, hemos perdido el partido.

Emoción
Miedo
Tristeza
Alegría
Nerviosismo

Prefijo	Palabra
re-	encontrado
…	…
…	…
…	…

4 Forma palabras nuevas añadiendo los prefijos des-, in- y re-.

preocupado	útil	elegir	predecible
caer	contento	afortunado	estable

¡Comunícate!

El lenguaje verbal y no verbal

1 Observa estas imágenes. ¿Qué quieren decir estos gestos?

Como ya has visto en la Lectura, a través del cuerpo, los gestos, las miradas y las señales podemos expresar diferentes mensajes, emociones y sensaciones. Es lo que se llama **lenguaje no verbal.**

En el **lenguaje verbal** utilizamos las palabras de forma oral o por escrito.

2 Observa las escenas y clasifica en tu cuaderno según sean comunicación verbal o no verbal.

3 Escribe en tu cuaderno el significado de estas señales. ¿Son lenguaje verbal o no verbal?

Zona de expresión

Inventad por equipos una señal y dibujadla. Después, enseñad vuestras señales al resto de la clase y comprobad si vuestras compañeras y compañeros entienden su significado.

En una **representación teatral** tiene mucha importancia el lenguaje no verbal. Con él, ayudamos a que el mensaje que estamos transmitiendo tenga más significado.

Recuerda

En las obras teatrales aparecen explicaciones entre paréntesis sobre cómo debe representarse la escena. Son las **acotaciones.**

4 Identifica en este texto teatral lenguaje verbal y lenguaje no verbal. Después, en parejas representad el diálogo:

(*... una música nos anuncia que estamos por entrar en la fábula de Caperucita Roja. Estamos en el bosque. De repente se oye gruñir detrás de un arbusto: es el lobo. Pinocho se detiene*).

PINOCHO.— ¡Buenos días, señor Lobo!

LOBO.— ¿Qué quieres?

PINOCHO.— Pasaba por aquí y decidí pasar a saludarte. Podemos charlar un poco o jugar a algo, si no te molesta.

LOBO.— ¡Tengo quehacer!

PINOCHO.— ¿Puedo ayudarte en algo?

LOBO.— No, es mejor que te vayas, tengo una cita.

PINOCHO.— ¿Con Caperucita Roja?

LOBO.— Si lo sabes, ¿por qué me lo preguntas?

PINOCHO.— Porque si quieres puedo esperar a Caperucita Roja por ti. (*El lobo se ríe de un modo siniestro*).

Luigi Malerba, *Pinocho con botas*. Ed. Fondo de Cultura Económica.

5 1-2-4 En grupos, identificad en la siguiente escena dos expresiones del lenguaje no verbal:

1 2 Paso 3

Preparamos el juego.

- Seleccionad un personaje del mural que habéis realizado en el paso 1 y dibujadlo en una tarjeta.
- En otra tarjeta, describid el estado de ánimo del personaje elegido teniendo en cuenta sus gestos. Describid también sus características físicas, su vestimenta, su profesión...

El pronombre

1 Escribe en tu cuaderno los pronombres personales que aparecen destacados en la ilustración.

Los **pronombres** son las palabras que sustituyen a los nombres. Hay pronombres de muchas clases. Los que hacen referencia a personas se llaman **pronombres personales.**

Singular	Plural
yo	nosotros/nosotras
tú	vosotros/vosotras
él/ella	ellos/ellas

2 Relaciona en tu cuaderno cada sujeto con el predicado correspondiente.

yo	expresamos nerviosismo.
tú	expresan miedo.
él/ella	expreso alegría.
nosotros/nosotras	expresáis sorpresa.
vosotros/vosotras	expresa enfado.
ellos/ellas	expresas tristeza.

3 Copia las oraciones y sustituye las palabras destacadas por el pronombre que les corresponda: ellos, ella, vosotros.

– **Tu hermano y tú** sois muy valientes.
– **Los niños de primero** tienen seis años.
– **La profesora de inglés** se llama Helen.

4 Sustituye los pronombres personales por las siguientes expresiones: El perro, Inés y Guille, Alicia y yo, Amalia y tú.

– Ellos irán a visitar a los abuelos este fin de semana.

– Vosotras iréis a patinar mañana.

– Nosotras iremos a correr este fin de semana.

– Él se ha escapado esta mañana.

5 Copia y completa estas oraciones con un pronombre:

– ¿… vendréis a mi fiesta de cumpleaños?

– … llegaremos un poco tarde a casa.

– … tienes que escribir las invitaciones.

6 Copia los pronombres personales en tu cuaderno e indica su número y persona.

– Nosotros jugamos un campeonato este fin de semana.

– Ella se ha puesto un vestido que yo le regalé.

– Tu hermano se ha ido de viaje con él.

– Las ganadoras del concurso sois vosotras.

7 Observa la imagen y escribe tres oraciones con pronombres.

8 Observa estas caras con distintas expresiones y escribe una oración en la que aparezca un pronombre personal:

1 2 3 Paso

Jugamos.

¡Ya podéis jugar a «Adivina quién es»!

- Poned todas las tarjetas de los personajes a la vista.
- Uno de vosotros elegirá una de las tarjetas de la descripción y pedirá a los compañeros y a las compañeras que hagan preguntas a las que solo se pueda contestar sí o no.
  - ¿Es chico? ¿Es chica?
  - ¿Tiene el pelo oscuro?
  - ¿Tiene los ojos marrones?
  - ¿Lleva corbata?
- Cuando los compañeros y las compañeras adivinen de qué personaje se trata, enseñad la tarjeta. Ganará quien adivine más veces.

La *r*

1 Busca en la Lectura palabras con r y con rr, y palabras con r- inicial, y pronúncialas. ¿Cómo suenan?

La **r** tiene un sonido suave y otro débil.

El **sonido suave** de la **-r-** se escribe con una sola **r:** *co**r**aza, papele**r**a.*

El **sonido fuerte** de la **r** se escribe:

- Con una **r-** al principio de palabra: ***R**amón, **r**amo, **r**ío.*
- Con **-rr-** si va entre vocales: *ca**rr**o, ce**rr**ojo, a**rr**iba.*
- Con **-r-** detrás de **l, n** y **s:** *En**r**ique, al**r**ededor, Is**r**ael.*

reír

llorar

2 Clasifica estas palabras por el sonido suave o fuerte de la r: remo, caricia, tierra, puerta, verruga, cordón, carita, barranco.

3 Escribe en tu cuaderno el nombre de estas partes del cuerpo. Rodea de rojo la r fuerte, y de azul, la r suave:

A

B
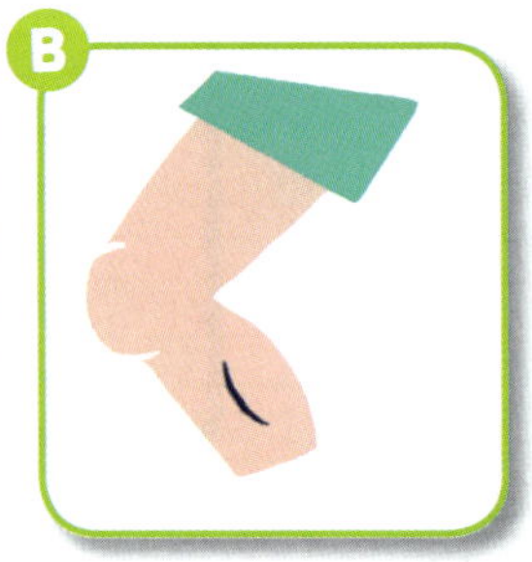

C

D
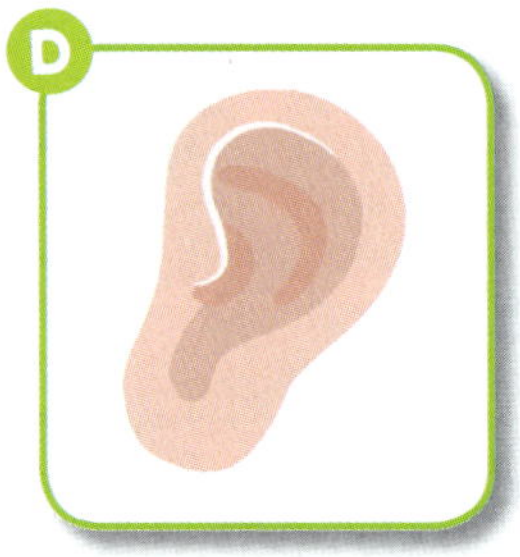

4 Copia y completa las palabras con r o rr.

bo…eal	son…isa	ba…iga	pue…ta
ba…anco	…eina	ma…iposa	amo…

5 Copia y completa las oraciones con las palabras: alrededor, sonrisa, raíces, regar, río.

– Nos dio la bienvenida con una gran …

– La Tierra gira … del Sol.

– Las … del árbol llegaban hasta el …

– Tengo que … las plantas todos los días.

Los dos puntos

6 Escribe en tu cuaderno una lista de cosas que te hacen sentir feliz. ¿Qué signos de puntuación has usado?

Los **dos puntos** se emplean:
- Después de anunciar una enumeración.
- Antes de las palabras que dice alguien.
- Después de escribir el saludo en una carta.

7 Escribe en tu cuaderno las siguientes oraciones y coloca los dos puntos en el lugar correcto:

– El mago dijo «Abracalabra, pata de cabra» y mi hermanito desapareció.

– Para la fiesta necesitaremos refrescos, patatas, pasteles, gominolas, sándwiches y una tarta.

8 Observa las ilustraciones y escribe dos textos en los que uses los dos puntos.

A

B

Dictado

Antes del dictado

Lee el texto.

Que**r**ida Blanca**:**

Espe**r**amos que te encuentres bien. Nosotros por nuestra pa**r**te, pa**r**a qué mentirte, estamos fatal. Desde que te fuiste, esto es un desastre**:** **r**opa sucia por todas partes, montañas de platos que se amontonan en el fregade**r**o, camas por hacer, polvo que se acumula en las estante**r**ías… Y todos, absolutamente todos, nos hemos apuntado a la moda «la a**rr**uga es bella» porque la plancha aquí no la mueven ni los duendes.

Carles Cano, *Querida Blanca*. Ed. Anaya.

Después del dictado

Valora el resultado.

ORTOGRAFÍA PRESENTACIÓN CALIGRAFÍA

anayaeducacion.es Realiza el dictado que se propone en el apartado «Recursos por unidad».

Textos para jugar

1 Escribe en tu cuaderno la solución de estas adivinanzas:

La tiene el tigre pero no el león, dos veces el perro y una el ratón.

En lo alto vive, en lo alto mora, en lo alto teje la tejedora.

Las **adivinanzas,** las **canciones,** las **greguerías** y los **trabalenguas** son **textos literarios** con los que podemos jugar.

2 Leed el fragmento de esta canción. Después, buscadla en Internet y escuchadla:

El barquito de cáscara de nuez

Un barquito de cáscara de nuez,
adornado con velas de papel,
se hizo hoy a la mar para lejos llevar
gotitas doradas de miel.

Un mosquito sin miedo va en él
muy seguro de ser buen timonel.
Y subiendo y bajando las olas
el barquito ya se fue.

3 Busca en el diccionario cuál es el significado de *greguería*. Observa las imágenes y lee estas greguerías de Ramón Gómez de la Serna. Después, inventa tú una para el último dibujo.

La «A» es una tienda de los apaches.

La «C» es una galletita mordida.

La «Ñ» …

Zona creativa

Piensa y comparte en pareja

Por parejas inventad adivinanzas. Para ello, pensad:

- ¿Qué es lo que hay que adivinar?
- ¿Cuál es su color? ¿Y su forma? ¿Para qué sirve? ¿A qué se parece?

Por último, escribidla con versos cortos y rima. Podéis jugar a resolver en clase las adivinanzas que habéis inventado.

Organizo mi mente

1 Completa este esquema en tu cuaderno con la información del apartado de Gramática:

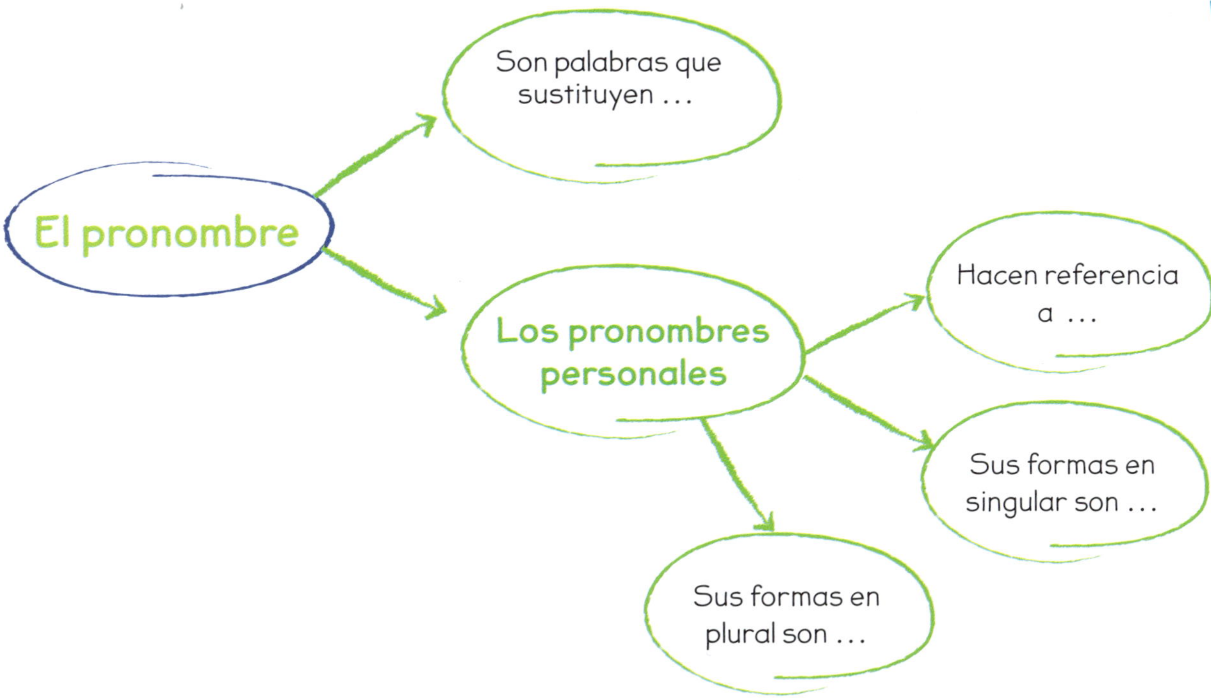

anayaeducacion.es Dispones de una versión imprimible de esta página en el apartado «Organizo mi mente» del banco de recursos.

anayaeducacion.es No olvides consultar los apartados «Para estudiar» y «Aprende jugando» en el banco de recursos.

Colecciono palabras

2 La palabra *manifestarse* tiene varios significados, búscalos en el diccionario y escribe una oración para cada una de las imágenes.

Qué he aprendido

Vocabulario

1 Consulta un diccionario *online* y escribe en tu cuaderno las definiciones de estas palabras: retocar, rehacer, recargar, releer.

2 Forma palabras nuevas añadiendo los prefijos des-, in- y re-: cómodo, ocupar, estreno, escribir, pegar, perfecto.

Gramática

3 Escribe estas oraciones en tu cuaderno y sustituye las palabras destacadas por un pronombre:

– **Eva y yo** nos vamos de vacaciones.
– **Mi abuela** viene a buscarme a las seis.
– **Mis primos** tienen jardín en su casa.
– **Papá y tú** haréis la comida.

4 En tu cuaderno relaciona las columnas:

Yo	juega muy bien al fútbol.
Tú	coméis mucha fruta.
Ella	cumplo nueve años.
Nosotros	irán al cine mañana.
Vosotras	viajamos en autobús.
Ellos	eres la más alta de clase.

Ortografía

5 Copia y completa con r o con rr y clasifica las palabras según el sonido de la r sea suave o fuerte.

al...dedores	to...e	fa...ola
...ana	ma...iquita	go...o
sie...a	ca...amelo	ba...ato

6 Copia estas oraciones y escribe los dos puntos que faltan:

– Mis asignaturas favoritas son Matemáticas, Lengua, Inglés y Plástica.
– A mi cumpleaños vinieron María, Maite, Jorge, Isabel, Ignacio y Guillermo.
– Juan dijo Seguidme, yo conozco el camino.

7 En el siguiente texto, explica el uso de los dos puntos:

Querida, Susi:
Ayer fuimos de excursión a una granja en la sierra, vimos muchos animales: vacas, burritos, caballos, muchas gallinas y algunos conejos.
A mi hermano pequeño le gustaron los pollitos y corría tras ellos gritando: «Vuela, vuela, vuela alto».

Dictado

Lee el texto para preparar el dictado y hazlo con buena letra.

Ayer fui a pasear con mi perro Roque y pasé por una floristería que tenía varios tipos de flores: rosas, margaritas, narcisos, orquídeas, hortensias, girasoles, lirios y gardenias.
Entré y le dije a la florista: «¡Buenos días! Me gustaría comprar un ramo de flores». Ella me contestó: «¿De qué tipo de flor? Y yo le contesté: «Mis preferidas son las rosas rojas».

Cómo he aprendido

1 Copia la siguiente tabla en tu cuaderno y escribe tus reflexiones sobre la evolución que has tenido durante el desarrollo de esta unidad:

Aspectos positivos	Aspectos a mejorar	Propuestas de mejora
• … .	• … .	• … .
• … .	• … .	• … .

en tu cuaderno COMPLETA o en tu portfolio impreso

2 Señala en tu cuaderno el emoticono que corresponda a cada una de las oraciones:

	Lo he hecho muy bien	Me sale regular	Estoy aprendiendo
• He reflexionado sobre mis sentimientos y emociones.			
• Utilizo el lenguaje no verbal para expresar emociones.			

3 Copia en tu cuaderno las siguientes frases, piensa sobre cada una y responde con sinceridad:

- La actividad con la que he aprendido más es …
- De todo lo que he aprendido en esta unidad, lo que más utilidad tiene es …
- Distinguir entre lenguaje verbal y no verbal me va a ser útil para …
- Las adivinanzas, las canciones, las greguerías y los trabalenguas son juegos que me ayudarán a …

PORTFOLIO 8

Recuerda seleccionar el material de trabajo de esta unidad para tu portfolio.

anayaeducacion.es
Dispones de una versión imprimible de esta página en el «Portfolio» del banco de recursos.

anayaeducacion.es
Descubre y comparte en familia.

Picasso para Niños

En cuanto nació el pequeño,
lo acunó el sol malagueño.
Dormía el niño andaluz
entre sus brazos de luz.
Al ser hijo de pintor,
en un mundo de color
imaginaba aventuras
con sus lienzos y pinturas.
¿Cuál era el mejor juguete?
Un pincel o un caballete.
Con ocho años tan solo
ya pintó un cuadro el pipiolo.
Era, desde adolescente,
un artista diferente.
Ansioso por aprender,
se encerraba en su taller.

Época azul

Perdió a dos seres amados.
¡Vio tristeza en todos lados!
El chico pintó su duelo
de azul marino, azul cielo…

Época rosa

Pablo dejó su país:
¡se fue a vivir a París!
Pintó de rosa arlequines
y acróbatas saltarines.

Época cubista

En el periodo cubista
llenó el taller el artista
de cuadrados, de rectángulos,
de círculos, de triángulos…

Época surrealista

¡Qué libre era su pincel!
Pablo pintaba con él
la nariz en la rodilla
o un ojo en la coronilla.

Época expresionista

En el Guernica, el pintor
plasmó la guerra y su horror
en un mural prodigioso.
¡Es su cuadro más famoso!
Aunque murió un mediodía,
sigue vivo todavía
con su obra sorprendente
que emociona a tanta gente.

Carmen Gil, poemitas.org

1 Busca en el poema de Picasso palabras que contengan las siguientes sílabas:

ca, co, cu	...
que, qui	...
za, zo, zu	...
ce, ci	...

2 Mira este cuadro de Picasso y escribe en tu cuaderno las partes del cuerpo que se señalan:

Picasso, *Arlequín con espejo*, Museo Thyssen-Bornemisza.

3 Copia y completa con -d o -z y después escribe los plurales.

andalu... realida...

lu... profundida...

4 Copia esta frase y escribe los dos puntos donde corresponda. Después, explica por qué los has puesto ahí:

Picasso fue un pintor que nació en Málaga y tuvo cinco etapas pictóricas época azul, época rosa, periodo cubista, periodo surrealista y periodo expresionista.

5 Copia en tu cuaderno la parte del texto que habla de la época rosa de Picasso. Rodea de verde los nombres propios, y de azul, los comunes.

6 Observa esta fotografía y escribe dos oraciones que incluyan, al menos, un nombre propio, un nombre común, un adjetivo y un pronombre.

7 Clasifica en tu cuaderno estos sustantivos: pincel, pinturas, niño, arlequines, brazos, aventuras, caballete, lienzos, acróbata.

	Femenino	**Masculino**
Singular	...	...
Plural	...	...

8 Escribe en tu cuaderno la palabra de cada serie que no es un adjetivo:

A: largo, ancho, oscuro, caballo

B: ingenioso, creativo, pintor, luminoso

C: grande, colorido, prodigioso, museo

anayaeducacion.es Consulta la ficha «Usa las TIC de forma saludable III» en el banco de recursos.

Apéndice

Reglas ortográficas:

En estas páginas encontrarás las reglas ortográficas que has estudiado en este curso.

¡Reglas ortográficas!

El punto y la mayúscula

Se escribe **punto** (.) al final de cada oración. Se escribe con **mayúscula** la primera letra de:

- El comienzo de un escrito.
- Los nombres y apellidos de las personas.
- Los nombres de ciudades, ríos, calles…
- Las palabras que van después de punto.

Los signos de interrogación

Los signos de interrogación (¿…?) se utilizan en la escritura cuando se quiere preguntar algo: *¿Cómo te llamas?* Los signos de interrogación se escriben al principio y al final de la oración.

Los signos de exclamación

Los signos de exclamación (¡…!) se utilizan para expresar sentimientos, como alegría, tristeza, sorpresa…: *¡Qué nombre más divertido!*

Los signos de exclamación se escriben al principio y al final de una oración.

Detrás de los signos de cierre de interrogación (?) y de exclamación (!) se puede utilizar cualquier signo de puntuación, excepto el punto.

Las sílabas tónica y átona

Una sílaba es cada uno de los **golpes de voz** con que pronunciamos una palabra.

La sílaba que pronunciamos con más fuerza se llama sílaba **tónica.** Las otras sílabas de esta palabra se llaman sílabas **átonas.** Según la posición de la sílaba tónica, las palabras pueden ser:

- **Agudas:** tienen la sílaba tónica en el último lugar: *maza**pán**.*
- **Llanas:** tienen la sílaba tónica en el penúltimo lugar: *di**fí**cil.*
- **Esdrújulas:** tienen la sílaba tónica en el antepenúltimo lugar: ***ár**bitro.*

El guion

El guion sirve para **dividir** una palabra cuando no cabe entera en una misma línea. Va siempre detrás de una sílaba.

Caramelo: ca-ramelo, cara-melo, carame-lo.

La coma

La **coma** es un signo que, al leer, indica una **pausa**.

Se utiliza para separar las palabras que forman una serie.

Delante de la última palabra se escribe una **y:** *Me gustan las piedras, las flores silvestres, los puentes antiguos **y** los ríos.*

La m antes de p y b

Delante de **b** y de **p** se escribe siempre **m:** *bo**mb**ón, e**mp**ate, e**mb**udo, si**mp**ático.*

La c y qu

Los sonidos **ca, co, cu** se escriben con **c:** ***ca**stillo, **co**lo**ca**r, **cu**bierto.*

Los sonidos **que, qui** se escriben con **qu:** ***que**so, **qui**nce.*

La c y la z

Los sonidos **za, zo, zu** se escriben con **z:** *cho**za**, **zo**rro, **zu**rrón.*

Los sonidos **ce, ci** se escriben con **c:** ***ce**niza, **ci**elo.*

Palabras terminadas en -d y en -z

Las palabras que terminan en **-d** hacen su plural en **-des:** *re**d**, re**des**.*

Las palabras que terminan en **-z** hacen su plural en **-ces:** *feli**z**, feli**ces**.*

Palabras con ll

Se escriben con **ll** las palabras que terminan en **-illo** o en **-illa** y la mayoría de los verbos terminados en **-illar, -ullar** y **-ullir:** *bocad**illo**, empanad**illa**, br**illar**, apab**ullar**, eng**ullir**.*

Palabras con y

Se escriben con **y** algunas formas de los verbos que tienen este sonido y no aparece ni **ll** ni **y** en el infinitivo: *concluyó* (de *concluir*).

La r

El **sonido suave** de la **r** se escribe con una sola **r:** *co**r**aza, papele**ra**, ence**ra**do.*

El **sonido fuerte** de la **r** se escribe:

- Con una **r** al principio de palabra: ***r**amo, **Ra**món, **r**ío.*
- Con **rr** si va entre vocales: *ca**rro**, ce**rro**jo, a**rri**ba.*
- Con una **r** detrás de **l, n** y **s:** *En**r**ique, a**lr**ededor, Is**r**ael.*

Los dos puntos

Los dos puntos se emplean:

- Después de anunciar una enumeración: *De desayuno tienen las siguientes opciones**:** café con leche y tostada, zumo de naranja y tostada, y dulces variados o platos salados.*
- Antes de las palabras que dice alguien. *Mi madre dijo**:** «Niños, la merienda».*

La g y la j

Se escribe **g** ante **a, o, u:** ***g**ata, ma**go**, re**gu**lar.*

Se escribe **gu** ante **e, i:** *ce**gu**era, **gu**itarra.*

Se escribe **j** ante **a, o, u:** ***j**arra, ro**jo**, **ju**eves.*

Se escribe con **j** o con **g** ante **e, i:** *pluma**je**, **ge**nte, **ji**nete, **gi**tana.*

La diéresis

Para que la **u** suene en las sílabas **güe** y **güi** es necesario colocar dos puntos (¨) sobre ella.

Estos dos puntos se llaman **diéresis:** *zari**güe**lla, pin**güi**no.*

Si la **u** no suena se escribe **gue, gui:** *man**gue**ra, **gui**tarra.*

Palabras con bl y br

Se escriben con **b** las palabras que llevan una consonante detrás de la **b**. Las sílabas **bla, ble, bli, blo, blu** y **bra, bre, bri, bro, bru** se escriben con **b:** *ha**bla**nte, a**bri**l, **blu**sa, **bre**ve.*

Palabras con h

Se escriben con **h** las palabras que empiezan por **hie-** o **hue-**: ***hie**na, **hue**vo.*

Verbos terminados en -bir

Todos los verbos terminados en **-bir** se escriben con **b**, excepto *hervir, servir* y *vivir*: *escri**bir**, perci**bir**.*

Verbos con h

Todas las formas de los verbos *hacer, haber* y *hablar* se escriben con **h:** ***h**acíais, **h**abía, **h**ablo.*

Verbos terminados en -ger, -gir

Los verbos terminados en **-ger, -gir** se escriben con **g**, excepto *tejer* y *crujir*, que se escriben con **j:** *esco**ger**, fin**gir**.*

Verbos terminados en -aba, -abas...

Los verbos terminados en **-aba, -abas, -ábamos, -abais** o **-aban** se escriben siempre con **b:** *am**aba**, infl**aban**, sac**abais**.*

Apéndice

Conjugaciones verbales:

- Las conjugaciones de los verbos *amar*, *comer* y *subir* en modo indicativo que te servirán de modelo para todos los verbos regulares de la 1.ª, 2.ª y 3.ª conjugación.
- La conjugación del verbo irregular: *haber*.

¡Conjugaciones verbales!

Amar

VERBO REGULAR • 1.ª CONJUGACIÓN

Indicativo

	FORMAS SIMPLES	FORMAS COMPUESTAS
	Presente	**Pretérito perfecto compuesto**
yo	amo	he amado
tú	amas	has amado
él/ella/Ud.	ama	ha amado
nosotros/as	amamos	hemos amado
vosotros/as	amáis	habéis amado
ellos/as/Uds.	aman	han amado
	Pretérito imperfecto	**Pretérito pluscuamperfecto**
yo	amaba	había amado
tú	amabas	habías amado
él/ella/Ud.	amaba	había amado
nosotros/as	amábamos	habíamos amado
vosotros/as	amabais	habíais amado
ellos/as/Uds.	amaban	habían amado
	Pretérito perfecto simple	**Pretérito anterior**
yo	amé	hube amado
tú	amaste	hubiste amado
él/ella/Ud.	amó	hubo amado
nosotros/as	amamos	hubimos amado
vosotros/as	amasteis	hubisteis amado
ellos/as/Uds.	amaron	hubieron amado
	Futuro simple	**Futuro compuesto**
yo	amaré	habré amado
tú	amarás	habrás amado
él/ella/Ud.	amará	habrá amado
nosotros/as	amaremos	habremos amado
vosotros/as	amaréis	habréis amado
ellos/as/Uds.	amarán	habrán amado
	Condicional simple	**Condicional compuesto**
yo	amaría	habría amado
tú	amarías	habrías amado
él/ella/Ud.	amaría	habría amado
nosotros/as	amaríamos	habríamos amado
vosotros/as	amaríais	habríais amado
ellos/as/Uds.	amarían	habrían amado

Comer

VERBO REGULAR • 2.ª CONJUGACIÓN

Indicativo

	FORMAS SIMPLES	FORMAS COMPUESTAS
	Presente	**Pretérito perfecto compuesto**
yo	como	he comido
tú	comes	has comido
él/ella/Ud.	come	ha comido
nosotros/as	comemos	hemos comido
vosotros/as	coméis	habéis comido
ellos/as/Uds.	comen	han comido
	Pretérito imperfecto	**Pretérito pluscuamperfecto**
yo	comía	había comido
tú	comías	habías comido
él/ella/Ud.	comía	había comido
nosotros/as	comíamos	habíamos comido
vosotros/as	comíais	habíais comido
ellos/as/Uds.	comían	habían comido
	Pretérito perfecto simple	**Pretérito anterior**
yo	comí	hube comido
tú	comiste	hubiste comido
él/ella/Ud.	comió	hubo comido
nosotros/as	comimos	hubimos comido
vosotros/as	comisteis	hubisteis comido
ellos/as/Uds.	comieron	hubieron comido
	Futuro simple	**Futuro compuesto**
yo	comeré	habré comido
tú	comerás	habrás comido
él/ella/Ud.	comerá	habrá comido
nosotros/as	comeremos	habremos comido
vosotros/as	comeréis	habréis comido
ellos/as/Uds.	comerán	habrán comido
	Condicional simple	**Condicional compuesto**
yo	comería	habría comido
tú	comerías	habrías comido
él/ella/Ud.	comería	habría comido
nosotros/as	comeríamos	habríamos comido
vosotros/as	comeríais	habríais comido
ellos/as/Uds.	comerían	habrían comido

PIEZA 4 PIEZA Es un proyecto educativo de Anaya para Educación Primaria.

En la realización de este libro han intervenido:

- **Equipo de edición:** Carmen Carrasco, Sonia Clavería, Isabel García, Marta García, María Justicia, Belén Jacoba Martín, Maite Vargas.
- **Diseño y gráficos:** Patricia G. Serrano, Juan Carlos Quignon.
- **Ilustración:** Azulamarillo.
- **Maquetación:** Raquel Horcajo.
- **Corrección:** Miguel Ángel Alonso.
- **Edición gráfica:** Rocío Álvarez.
- **Fotografías:** Archivo Anaya (Boé, O.; Calonge, N.; Candel, C.; Canto, M.; Cosano, P.; Cruz, M.; Enríquez, S.; Fernández Vega, J.; Lacey, T.; Leiva, Á.; Martín, J.; Martín, J.A.; Menéndez, D.; Mori, S.; Padura, S.; Peñuela Py, E.; Pozo, M.; Rico, J.J.; Rivera Jove, V.; Ruiz, J.B.; Steel, M.; Sánchez, J.; Valls, R.; Vizuete, E.), 123RF, Age Fotostock, Depositphotos, NASA Archive, Thinkstock.

Agradecimientos: Diego Guevara, María Guevara y Sara Romero.

Las **normas ortográficas** seguidas en este libro son las establecidas por la Real Academia Española en la *Ortografía de la lengua española,* publicada en el año 2010.

Nuestras publicaciones mantienen el rigor en el uso y en la selección de los contenidos, en las imágenes y en el lenguaje, para cumplir con la **no discriminación** por razón de género, cultura u opinión.

IMPORTANTE. Las actividades propuestas en este libro deben ser realizadas en cuadernos u hojas sueltas; nunca en el propio libro.

ISBN: 978-84-698-4164-8 - Depósito Legal: M-2386-2018 - Printed in Spain.

ET033029/1E8I - 8380085

Subir

VERBO REGULAR • 3.ª CONJUGACIÓN

Indicativo

	FORMAS SIMPLES	FORMAS COMPUESTAS
	Presente	**Pretérito perfecto compuesto**
yo	subo	he subido
tú	subes	has subido
él/ella/Ud.	sube	ha subido
nosotros/as	subimos	hemos subido
vosotros/as	subís	habéis subido
ellos/as/Uds.	suben	han subido
	Pretérito imperfecto	**Pretérito pluscuamperfecto**
yo	subía	había subido
tú	subías	habías subido
él/ella/Ud.	subía	había subido
nosotros/as	subíamos	habíamos subido
vosotros/as	subíais	habíais subido
ellos/as/Uds.	subían	habían subido
	Pretérito perfecto simple	**Pretérito anterior**
yo	subí	hube subido
tú	subiste	hubiste subido
él/ella/Ud.	subió	hubo subido
nosotros/as	subimos	hubimos subido
vosotros/as	subisteis	hubisteis subido
ellos/as/Uds.	subieron	hubieron subido
	Futuro simple	**Futuro compuesto**
yo	subiré	habré subido
tú	subirás	habrás subido
él/ella/Ud.	subirá	habrá subido
nosotros/as	subiremos	habremos subido
vosotros/as	subiréis	habréis subido
ellos/as/Uds.	subirán	habrán subido
	Condicional simple	**Condicional compuesto**
yo	subiría	habría subido
tú	subirías	habrías subido
él/ella/Ud.	subiría	habría subido
nosotros/as	subiríamos	habríamos subido
vosotros/as	subiríais	habríais subido
ellos/as/Uds.	subirían	habrían subido

Haber

VERBO IRREGULAR • 2.ª CONJUGACIÓN

Indicativo

	FORMAS SIMPLES
	Presente
yo	he
tú	has
él/ella/Ud.	ha
nosotros/as	hemos
vosotros/as	habéis
ellos/as/Uds.	han
	Pretérito imperfecto
yo	había
tú	habías
él/ella/Ud.	había
nosotros/as	habíamos
vosotros/as	habíais
ellos/as/Uds.	habían
	Pretérito perfecto simple
yo	hube
tú	hubiste
él/ella/Ud.	hubo
nosotros/as	hubimos
vosotros/as	hubisteis
ellos/as/Uds.	hubieron
	Futuro simple
yo	habré
tú	habrás
él/ella/Ud.	habrá
nosotros/as	habremos
vosotros/as	habréis
ellos/as/Uds.	habrán
	Condicional simple
yo	habría
tú	habrías
él/ella/Ud.	habría
nosotros/as	habríamos
vosotros/as	habríais
ellos/as/Uds.	habrían